CORRUPCIÓN Y DERECHO PENAL

JORGE ARTURO ABELLO GUAL

2022

DEDICATORIA

A MI ESPOSA Y A MIS HIJOS.

INDICE

1. CORRUPCIÓN COMO FENOMENO SOCIAL
2. LA CORRUPCIÓN, ¿COMO FUNCIONA?
3. LA CONTRATACIÓN ES EL MOTOR DE LA CORRUPCIÓN
4. LAS LICITACIONES AMAÑADAS Y EL DERECHO PENAL
5. EL DELITO DE CELEBRACIÓN INDEBIDA DE CONTRATOS Y EL FRACCIONAMIENTO DE CONTRATOS.
6. LA CORRUPCIÓN A TRAVÉS DE LAS ADICIONES DE OBRAS Y ADICIONES DE LOS CONTRATOS.
7. LA RESPONSABILIDAD PENAL EN LA ETAPA PRECONTRACTUAL DE LOS CONTRATOS ESTATALES: LA FALTA DE DISEÑOS Y ESTUDIOS PREVIOS.

8. RIESGOS DE CORRUPCIÓN EN LA CONTRATACIÓN DE FIN DE AÑO.
9. LA RESPONSABILIDAD PENAL AL INTERIOR DE LOS CONSORCIOS Y LAS UNIONES TEMPORALES POR EL DELITO DE PECULADO.
10. LA CORRUPCIÓN EN EL AMBITO PRIVADO
11. EJEMPLOS DE CORRUPCIÓN EN EL AMBITO PRIVADO.
    11.1. LA CAJA MENOR
    11.2. MANEJO DE LOS INGRESOS DE LA EMPRESA
    11.3. PAGOS A TERCEROS.
    11.4. INVERSIONES, PLANES DE MEJORAMIENTO Y LANZAMIENTO DE NUEVOS PRODUCTOS Y SERVICIOS.
    11.5. EL MANEJO DE LA NÓMINA.
    11.6. MANEJO DE BIENES Y DE INVENTARIO
    11.7. EL CASO DE LOS CARTELES DE LA HEMOFILIA, EN LOS CASOS DE CORRUPCIÓN EN EL SISTEMA DE SEGURIDAD SOCIAL.

1. CORRUPCIÓN COMO FENOMENO SOCIAL

La corrupción en el sector público es uno de los problemas más complicados que enfrenta la sociedad Colombiana. La mala administración de los recursos del Estado, es sin duda un factor que influye en los bajos índices de desarrollo y prosperidad de la población en general. Los índices de percepción de la corrupción en Colombia, demuestran que este sí es un problema a combatir, y que lo que actualmente se hace no es suficiente, como lo demuestra Transparencia por Colombia:

> "En el índice de Percepción de Corrupción de Transparencia Internacional, Colombia partió de un puntaje de 2,2/10 en 1998. Tras alcanzar un puntaje de 3,9/10 en 2006, en 2011 tuvo una puntuación de 2,8 y se ubicó en el puesto 80 entre 183 países y territorios.
>
> Según Lapop-Barómetro de las Américas 2011, la percepción de corrupción en el país es de 81%, frente a 78,2% en 2010. Es el valor más alto que se ha encontrado desde 2004, el primer año en que se realizó el estudio. Sin embargo, solo es un problema prioritario para el 12% de los entrevistados.
>
> En la opinión de los empresarios, la corrupción es el factor que más dificulta la competitividad para las empresas privadas colombianas, según estudia el estudio Doing Business 2012, del Banco Mundial.
>
> La Segunda Encuesta Sobre Prácticas Contra el Soborno en Empresas Colombianas 2010, realizada por Transparencia por Colombia y la Universidad

Externado de Colombia, arroja que el 93% de los empresarios considera que hay empresarios que ofrecen sobornos en sus negocios, mientras que el 26% de ellos afirma tener programas e inversiones contra el soborno.

Según el Barómetro Global de la Corrupción 2010, un 52% afirma que las prácticas corruptas van en aumento. Un 35% piensa que las medidas tomadas han sido eficaces mientras que un 46% percibe lo contrario.

Los partidos políticos y el Congreso reciben una calificación de 4,2/5, donde 1 es nada corrupto y 5 muy corrupto. Los sectores mejor calificados por los colombianos encuestados son la educación, las ONG y los medios de comunicación, con calificaciones de 2,5/5, 2,6/5 y 2,7/5 respectivamente.

En el Barómetro, los colombianos calificaron con 3,8 el nivel de percepción de corrupción de la rama judicial. Según el estudio Lapop 2011, el sistema de justicia nacional fue catalogado por los colombianos, en una escala de 0 a 100, con un nivel de confianza de 51,8, por debajo del promedio de confianza del total de instituciones (53,4).

Los resultados del Índice de Transparencia de las Entidades Públicas señalan que sólo el 8% de las entidades públicas evaluadas (exceptuando las de naturaleza especial) se ubican en bajo riesgo de corrupción"[1].

---

[1] Transparencia por Colombia. Corrupción en Colombia. En la página

Se estima que en Colombia, la corrupción maneja 6 billones de pesos[2], cifra que seguramente no refleja la realidad, a pesar de los esfuerzos que se hacen por combatir algunos casos emblemáticos, como el carrusel de la contratación, agro ingreso seguro, y los desfalcos a los recursos de la salud.

Según el informe de gestión de la Fiscalía General de la Nación 2013-2014[3], la Unidad Nacional Anticorrupción, ha realizado 24 imputaciones, 19 acusaciones, 62 archivos y 2 preclusiones, en el sistema penal acusatorio de la Ley 906 de 2004. Por otra parte, en las actuaciones de la Fiscalía que tienen que aplicar la Ley 600 de 2000, se han realizado 26 inhibitorios, 22 situaciones jurídicas con medida de aseguramiento, 39 situaciones jurídicas sin medida de aseguramiento, 26 calificaciones con acusación, 16 calificaciones con preclusión, 20 preclusiones por el artículo 39[4]. Estas cifras solo muestran una parte de la actuación de la Fiscalía General de la Nación en los casos de alta connotación nacional, pero si evidencia una baja productividad, y la falta

---

Web: http://www.transparenciacolombia.org.co/index.php?option=com_content&view=article&id=107&Itemid=536, consultada el día 30 de diciembre de 2014.

[2] Portafolio. Contrabando impidió generar 899.000 empleos en 2012. 16 de octubre de 2013. http://www.portafolio.co/economia/colombia-se-lavan-38-billones-al-ano. Consultado el 14 de enero de 2015.

[3] Fiscalía General de la Nación. Informe de Gestión 2013-2014. Publicado en la siguiente página web: http://www.fiscalia.gov.co/colombia/wp-content/uploads/Informe -Fiscalia-2013-2014-web_final.pdf, consultada el 14 de enero de 2015.

[4] Cifras tomadas del informe de gestión de la Fiscalía General de la Nación de 2013-2014, pág. 94. Publicado en la siguiente página web: http://www.fiscalia.gov.co/ colombia/wp-content/uploads/Informe-Fiscalia-2013-2014-web_final.pdf, consultada el 14 de enero de 2015.

de una política criminal más fuerte hacia el fenómeno de la corrupción.

La corrupción en términos generales significa el abuso del poder público para el beneficio privado. Sin embargo, el fenómeno de la corrupción es un problema que no solo afecta el sector público, sino que también se presenta en el sector privado, porque en la empresa privada también se pueden presentar actos de corrupción que afectan el patrimonio de una compañía y por ende los intereses de los socios. Lo más desafortunado es que la corrupción produce una relación necesaria que vincula el sector público y el sector privado, donde ambos dan para recibir, pero todo se hace por fuera de la Ley. En fin, la corrupción es un fenómeno tan complicado que se puede presentar todo tipo de comportamientos, así como lo explica el profesor Andrés Roemer:

> "La corrupción puede envolver promesas, amenazas o ambas; puede ser iniciada por un servidor público o un cliente interesado; puede darse con actos de omisión o comisión; puede generarse con servicios lícitos o ilícitos; puede estar dentro o fuera de una organización pública"[5].

Y muy a pesar de los efectos tan nocivos de la corrupción, la política criminal del Estado parece ser más efectiva para la delincuencia callejera, que para la delincuencia de cuello blanco.

---

[5] Roemer, Andrés. Economía del Crimen. Editorial Limusa. México D.F. 2001, pág. 236.

"Quien recorra las prisiones de máxima seguridad de ciudades y pueblos en Latinoamérica o sus "reformatorios" -en realidad deformatorios-, hechos para jóvenes transgresores, se encontrará con lo que desde hace años constituye un nuevo estereotipo caracterizado por la coloración de la piel, casi siempre negra o pardusca: tienen un modo de andar y de vestir parecidos: jeans, chaqueta o algún abrigo negro, cautela frente al visitante, la mirada huidiza, ojos brillantes, marcas en la cara y, casi siempre varios dientes menos.

Poseen denominadores comunes: son gente "de abajo", humildes, en el límite crítico del hambre y la exclusión, que han tomado por desesperación el atajo de las adicciones o de la delincuencia, ante la miseria. Provienen de barrios paupérrimos, de casas de lata, sin luz ni sanitarios. Han vivido atenaceados por el desempleo. Y, en realidad, seres que no saben si van a comer ese día y no tienen alimentos para llevar a su casa ni medicamentos si sus hijos se enferman; nunca fueron hombres libres, aunque formalmente las leyes puedan decir lo contrario.

En esta suerte de selectividad penal, no cabe duda de que el derecho penal y la ley aplicable resultan clasistas. El otro denominador común que los liga es estar presos por similares delitos: homicidios, hurtos, robos, asalto a mano armada, violación de domicilio..."[6]

---

[6] Neuman, Elías. Los que viven del delito y los otros. La delincuencia como industria. Tercera edición. Temis. Bogotá. 2005. págs.2-3

Otra cosa ocurre con la delincuencia de cuello blanco, quién sin lugar a dudas, encuentra mayor libertad en su accionar:

> "Hay una tipología humana de delincuentes que viven "del" y "por" el delito. Viven muy bien. Son exitosos en la vida y su estereotipo no ha podido ser definido, pero sí cierta identidad. A simple vista se advierte que son francamente simpáticos, usan la misma marca de perfume y corbatas que algunos jueces, mandan a estudiar a sus hijos en los mismos colegios que los fiscales, se ven peinados como abogados, son amigos o vivieron bajo el ala de algún ministro o algún militar o legislador. En sus opulentas mansiones "dan comidas", tanto en la ciudad como en la costa y, por lo general, se irritan cuando hablan del robo del equipo de sonido del automóvil, de su mujer o de los de sus hijos, de que fueron víctimas, y de la consecuente inacción policial. Van a los programas de televisión que sus empresas financian y se posesionan de ciertos aires a la hora de poner la sonrisa y modular la expresión. Saben a qué cámara mirar... Más que delincuentes, son financieras que, para vaciar un banco, primero lo fundan...
>
> En el caso supuesto, conjetural, impertinente e hipotético (todo ello) de que alguno fuera detenido y, más tarde, condenado, sería innecesario efectuarle uno de esos "tratamientos para la readaptación social" porque es innegable que poseen un alto grado de socialización... No nos indignemos, pero en realidad si de establecer comparaciones se trata, deberemos concluir que socialmente ¡Son parecidos a muchos de nosotros!"[7]

El profesor Neuman afirma que:

"la delincuencia callejera o urbana sirve de chivo expiatorio. Hace que los ojos y el pensamiento de multitudes de personas giren hacia ella y no capten u olviden -frente a la cortina de humo creada- otros problemas mucho más acuciantes y serios que suelen generarse en y por la delincuencia económica"[8].

Igualmente expone el siguiente análisis:

"un único delito cometido por un grupo de inteligencia o por un solo funcionario desde las alfombras rojas de un ministerio, un banco, una entidad financiera o una empresa multinacional produce más daño (medido por el coste social, económico y número de víctimas) que aquellos causados por la totalidad de autores de delitos contra la propiedad, alojados en estos momentos en la cárceles de Latinoamérica"[9]. Así por ejemplo, los "excesivos precios al consumidor fijados por oligopolios, la acción de empresas monopólicas de tipo multinacional y la constante evasión de impuesto y de capitales que fluyen hacia cuentas bancarias del extranjero: se trata de delitos que inhiben el desarrollo de regiones que son potencialmente ricas en desmedro económico y moral de sus pueblos"[10].

---

[7] Ibíd., págs. 5-6.
[8] *Op. cit.,* pág. 4.
[9] *Op. cit.,* pág. 4.

De esta manera, queda expuesta una desafortunada diferencia entre la política criminal dirigida a la criminalidad callejera y la política criminal dirigida a la criminalidad económica, pues "Mientras la política criminal de la criminalidad callejera está impulsada por campañas de ley y orden o de seguridad ciudadana y las asociaciones de víctimas, la política criminal de la criminalidad económica no está impulsada por actores sociales, porque la ciudadanía no percibe su dañosidad social (salvo colectivos concretos y normalmente pequeños) y porque los principales agentes susceptibles de cometer dichos ilícitos son sujetos bien situados en las esferas económicas y políticas, no interesados en criminalizar conductas que bordean lo ilícito"[11].

"Cuando se habla de corrupción se habla de un enemigo mortal de la vida en democracia y de la erosión de las instituciones. De asesores presidenciales, en número indeterminado, según ocurre en Argentina, que se prevalen de sus cargos y credenciales para vender influencias, exigir porcentajes y comisiones frente a trámites de radicación de industrias y de capitales. De minorías de funcionarios que no trepidan en hacer sus negocios millonarios en dólares, sin siquiera tocar ese dinero. Basta que quede asentada en la cuenta cifrada de algún banco suizo o estadounidense la "comisión" que

---

[10] *Op. cit.,* pág. 11.
[11] Zúñiga Rodríguez, Laura. *Viejas y nuevas tendencias político criminales en las legislaciones penales.* 579-606. Derecho Penal Liberal y Dignidad Humana. Libro homenaje al Doctor Hernando Londoño Jiménez. Temis. Bogotá. 2005, pág. 594.

se recibe de alguna empresa transnacional o aun vernácula, por el aviso oportuno de la desvalorización monetaria"[12].

A pesar de todo, son los delitos relacionados con la corrupción, los que gozan de mayor impunidad, y así lo comenta el profesor Neuman:

"Delitos que se deben, en buena parte, a la corrupción y al soborno en el que intervienen empresas estatales y privadas, en peculiares asociaciones ilícitas adscritas a la codicia y sin que les importe la acción de la justicia"[13]. Y muy a pesar de esta situación "los controles sociales formales del poder punitivo estatal (ley penal, policía, justicia, administración carcelaria y post carcelaria) centran deliberadamente su mira en la parte más débil de la delincuencia. Lo que López Rey llamara la criminalidad del pobre diablo", los ladrones de garrafas y gallinas"[14].

Ahora bien, en cuanto a sus efectos, la corrupción es un fenómeno social que tiene la facultad de afectar a toda una población de un país:

"La corrupción en el sector público constituye un grave problema, toda vez que distorsiona los objetivos de las políticas públicas, desperdicia y redistribuye recursos hacia actividades socialmente poco

---

[12] Neuman, Elías. *Op. Cit.*, pág. 38.
[13] Ibíd, pág. 10
[14] *Ob. cit.*, pág. 5

productivas y crea inestabilidad y desconfianza en el gobierno. La corrupción no es entonces sólo una falta o delito que transfiera recursos de un grupo a otro dentro de la sociedad, es en su conjunto un problema social que lastima a las instituciones y merma al estado de derecho, al no respetar la ley y operar en perjuicio del entorno político, económico y social en un país"[15].

La corrupción en el sector público se presenta en un esquema tripartito, en el que participan, por un lado el Estado, por el otro el funcionario público y por último, el ciudadano. En este esquema, lo ideal es que el funcionario público haga cumplir los mandatos y fines del Estado a través de la función pública, y con ello, beneficie al ciudadano con los servicios que debe prestar el Estado. Sin embargo, cuando se presenta la corrupción, el ciudadano y el funcionario público, se ponen de acuerdo para desligarse de los fines del Estado, y lograr objetivos particulares, así lo explica el profesor Andrés Roemer:

> "La corrupción se presenta en un esquema tripartito, en el que actúan el gobierno (llamémosle el principal), un representante del gobierno (el agente) y un ciudadano (cliente). El principal plantea políticas públicas a través del agente. Por su parte, el cliente es el destinatario de los planes del gobierno y de las leyes. Como ciertas acciones del agente -distintas a las deseadas por las autoridades- pueden beneficiar al cliente, éste tiene incentivos para sobornar al agente;

---

[15] Págs. 236-237.

es decir, ofrecerle un pago en efectivo o en especie a modo de que modifique su conducta en favor de los intereses particulares del cliente"[16].

Como consecuencia de este esquema, se produce un proceso de apropiación del servicio público, donde el servidor público, termina comportándose como propietario del servicio, y no como un servidor. Así lo explica el profesor Andrés Roemer:

> "El agente hace su respectivo análisis costo-beneficio, procesando información de beneficio esperado y de probabilidad de ser atrapado y eventualmente encontrará que existen incentivos a desligarse de su obligación de actuar como representante del gobierno y presentar una conducta oportunista. De esta forma, el agente actúa como si prestara un servicio por su cuenta, es decir, como propietario de un negocio de prestación de servicios. Una vez desligado del principal, el agente se comportará racionalmente y tratará de sacar el máximo beneficio propio"[17].

Se menciona también en el trabajo del profesor Roemer, que el oportunismo del funcionario que se apropia de un servicio público y los desvía para fines particulares, es una conducta prevista como probable en la administración pública, razón por la cual, todo Estado estructura un complejo sistema de investigación, procedimientos y sanciones[18], para prevenir

---

[16] Roemer, Andrés. *Ob. cit.,* pág. 241.
[17] *Ob. cit.,* pág. 247.

y corregir el fenómeno de la corrupción. Sin embargo, este sistema correctivo, no es siempre muy eficiente, pues es muy difícil saber qué funcionario se está desviando de los fines del Estado[19], y los costos de un monitoreo estricto, no permiten una implementación eficiente[20]. En todo caso, debe tenerse en cuenta, que en un aparato gubernamental permeado por la corrupción, el sistema de control y vigilancia, también es susceptible de corrupción, lo que hace más difícil su implementación.

Para combatir la corrupción, el profesor Andrés Roemer, en su estudio plantea varias estrategias preventivas. La primera es, mejorar la prestación de los servicios públicos por parte del Estado, la mala calidad y la demora, son las razones más concurrentes por las cuales, un ciudadano acude a la corrupción, para lograr un servicio de mayor calidad y en menor tiempo[21]. La implementación de los cargos de carrera administrativa, lo cual permite garantizar una estabilidad laboral para los servidores públicos, y una menor propensión hacia la corrupción, pues permite, un mejor sentido de pertenencia del funcionario por su cargo, y su dignificación como servidor público, además que elimina la incertidumbre del funcionario, de garantizar los ingresos futuros, pues su estancia en su cargo no depende, ni del tiempo, ni del arbitrio de su jefe, sino del buen desempeño de su trabajo[22]. Y por

---

[18] Ver *ob. cit.* pág. 246.

[19] Se menciona incluso, que en los actos de corrupción, es casi imposible detectarlos, pues los delincuentes de cuello blanco, son especialistas en ocultar sus conductas a través de contratos y documentos fraudulentos. Por regla general, los actos de corrupción se descubren por denuncias realizadas por empleados inconformes o por esposas resentidas.

[20] Ver Roemer, Andrés. *Ob. cit.,* págs. 246-247.

[21] *Ob. cit.,* pág. 253

último, se requiere de la organización de un sistema de prevención de prácticas corruptas, que divulgue y socialice las conductas indeseables, para generar un rechazo moral hacia los comportamientos inapropiados, y que necesariamente debe estar acompañado, de un organismo de control y vigilancia que imponga sanciones[23], con el objetivo, de que los funcionarios, luego de realizar un análisis de costos-beneficios, se persuadan de no realizar actos corruptos, por el temor de ser descubiertos y sancionados.

2. LA CORRUPCIÓN, ¿COMO FUNCIONA?

Uno de los grandes problemas de los gobiernos como Colombia es el manejo de la corrupción.

Para la desafortunada población colombiana que tiene que mantener el Estado, a cambio de la prestación de servicios públicos y la ejecución de obras públicas, el actual modelo político, económico y social, es insostenible.

Las campañas políticas para los funcionarios de elección popular generan unos costos exuberantes para los candidatos,

---

[22] *Ob. cit.,* pág. 265.
[23] *ob. cit.* págs. 265-267.

estos gastos políticos que están por encima de los límites legales, y que costean reuniones con líderes sociales, transportes de votantes, propaganda política, comerciales en medios audiovisuales, pancartas, volantes, banderas, plegables, viajes del candidato y su grupo de apoyo a las diferentes zonas de la ciudad, del departamento o del país. Estos gastos de campaña son costeados o con recursos propios del candidato o con recursos recaudados de los grupos políticos que tienen interés en que el candidato sea elegido. Lo más triste es que a pesar de a los políticos se les paga una suma de dinero por cada voto que sacan, esto no cambia nada en el momento de las elecciones, puesto que por más que se devuelva algún dinero, los gastos por debajo de la mesa son superiores. También hay que tener en cuenta que los costos de las campañas también se destinan a actos de corrupción como comprar jurados, o comprar funcionarios de la Registraduría, para que los ayuden a sumar votos.

Los costos de una campaña son enormes, y si bien hay límites legales, que si se exceden generan incluso pena de cárcel, lo cierto, es que dichos límites nunca se respetan, y todas las campañas manejan una doble contabilidad, en la que declaran unos gastos formalmente, pero ocultan otros, e igual situación pasa con los ingresos de las campañas, donde se declaran unos dentro de los límites y otros quedan ocultos, así como el origen y destino de los mismos.

Luego del desgaste económico de una campaña, y luego de lograr la elección, el político ha perdido mucho dinero, y puede que quede endeudado, o en su defecto, pierde una muy buena porción de su patrimonio ¿Por qué lo hace? Poder y dinero. Ganar una elección produce ambas cosas.

Cuando un candidato elegido ingresa el primer día al cargo público, tiene muchas preocupaciones, pero una de las más grandes es cómo se paga la deuda o cómo recupero el dinero invertido. Obvio que el político también piensa en cómo mantener una imagen pública ante su electorado, y para ello debe preocuparse de realizar obras, proyectos y políticas públicas que le permitan mostrarse a la comunidad para seguir su carrera política, pero al margen de todo ello se encuentra la preocupación principal: ¿Cómo recupero lo perdido? Lo cual, de seguro, por más que se sumen todos los meses de salario percibidos por el político, no alcanzan a cubrir la suma gastada en la campaña política.

Una de las formas de lograr pagar sus deudas es a través del clientelismo, y esto significa el poder de elegir a otros funcionarios públicos, o incidir en su elección. Cuando un político nombra a todos sus colaboradores, los nombra en razón no a sus calidades profesionales, que sin duda por lo menos deben reunir un mínimo de requisitos, lo cierto, es que nombran a personas de su confianza, a miembros de su grupo político, a las personas que ayudaron a financiar su campaña, o a familiares de otros políticos, con la firme intención de que esos políticos elijan o nombren igualmente a sus familiares. La confianza en estos temas es fundamental, la elección de su grupo de trabajo es un tema trascendental para lograr los dos objetivos, mantener su imagen y recuperar lo perdido. Entre más cerrado sea el grupo, menos riesgos de que la información sobre la corrupción que se va a generar se pueda filtrar y pueda afectar su imagen.

En esta etapa de afianzamiento del grupo de trabajo, se lucha por la elección de funcionarios de control y vigilancia, como la

Procuraduría, la Contraloría, de Defensoría Pública, y la Fiscalía. Una vez nombrados varios amigos en esos entes de control, se tiene mayor confianza de que si alguna información se filtra o si algo sale fuera de los planes, habrá amigos en los entes de control que dilataran las investigaciones, distraerán a los funcionarios en otros temas, cerrarán las investigaciones o las embolataran con algún pretexto. Así se garantiza la impunidad, pero también se garantiza la venta de la impunidad, es decir, quién participó en la elección o influyó en la elección de cierto funcionario de control, tiene la posibilidad de influir en su gestión, solicitando favores, y si alguien necesita que cierto funcionario de control no lo sancione, acude al político que tiene cierto control o manejo del funcionario, y paga para que no le pase nada.

Así entonces queda clara una estrategia, primero tener un grupo de trabajo de confianza, y controlar cargos o puestos en los entes de control, para luego pasar a otra etapa, y es la de recuperar lo invertido o lo debido en la campaña, manteniendo su imagen política. Para ello, se encuentra la contratación estatal.

El 80% del presupuesto del país se maneja a través de la contratación estatal. El presupuesto está compuesto, por los impuestos, tasas, contribuciones, otros ingresos del Estado, como la venta de bienes, o las utilidades de las empresas estatales o de economía mixta, y la financiación a través de créditos bancarios nacionales e internacionales. Con base en estos ingresos, el Estado paga el salario de todos los funcionarios públicos, organiza los gastos de los servicios públicos como la justicia, y organiza un plan de desarrollo, donde se elaboran proyectos de desarrollo para todo el país, como aeropuertos, acueductos, vías públicas, puertos y demás. Una vez proyectado el plan de desarrollo, se inicia la elaboración de proyectos de construcción para ejecutarlo, y comienza toda la proyección de toda la contratación estatal.

Aquí comienza la tercera etapa de la corrupción, y es la presentación de los proyectos con base en el plan de desarrollo para conseguir la asignación de los recursos, para iniciar los procesos de contratación de las obras públicas. Luego de la asignación de los recursos a determinado ente estatal, viene el proceso precontractual, ya sea a través de contratación directa o licitación pública. Aquí es donde los políticos tienen que garantizar que los contratos le sean adjudicados a su grupo económico, a su grupo político, a su grupo familiar o su grupo de amigos. Esa es la mejor forma de recuperar lo invertido.

Para garantizar la adjudicación de un contrato, el político solicita, el 10%, el 20%, el 30%, o hasta el 50% del valor del contrato. Entre más alto el porcentaje a favor del político, menos probabilidad existe de ejecutar el contrato. Así las cosas en alcaldías y gobernaciones en las que se ve la ejecución de las obras públicas, el porcentaje solicitado por los políticos oscila entre el 10 y 20%, y en las que se ve el proceso de contratación estancamiento, por ausencia de obras públicas o la existencia de las mismas pero mal ejecutadas, los porcentajes exigidos por los políticos es del 30% y hasta más, partiendo de que existen casos en los que se cobra el anticipo, y la obra nunca se ejecuta, o se construye solo los cimientos. Para dar un ejemplo de lo que ocurre en los contratos, se tiene el siguiente texto:

"Para viciar las licitaciones, los contratistas se hacen amigos o socios de los funcionarios públicos (alcaldes, gobernadores o congresistas) para que éstos les filtren información que los favorezca a la hora de presentar los pliegos (por ejemplo, los políticos o sus intermediarios les avisan a los contratistas amigos que tener una planta de asfalto les dará mayor puntuación).

En entrevista con RCN La Radio, un contratista, que pidió la reserva de su nombre por seguridad, sostuvo: "En este país los pliegos son dirigidos para que el contrato caiga en manos de un amigo del mandatario o del intermediario que es el que está manejando el negocio".

Por otra parte, según se indicó, los contratistas pueden agruparse como pequeños carteles, para ponerse de acuerdo en las licitaciones, de manera que optan por retirarse para dejar a un único proponente o acuerdan el reparto paritario de las ganancias, independientemente de quién haya ganado el contrato.

Cuando un mandatario vicia la licitación para favorecer a un contratista amigo, éste (el contratista) debe pagarle en efectivo un porcentaje del valor del contrato. Un contratista entrevistado por RCN La Radio afirmó: "En obras civiles se paga el 10%, y tengo entendido que en otras cosas como el sector de la salud, se paga entre el 30% y 50%".

Añadió que "ellos (los políticos) sí piden hasta el 20%, pero el contratista que dé el 20 se quiebra porque eso no tiene un margen tan alto de utilidad, y es como delicado dar más del 10% porque está jugando uno con que no se pueda hacer el contrato".

Sin embargo, no todos los contratistas le entregan el dinero a los políticos o sus intermediarios en efectivo (según se conoció, el dinero se entrega en tulas o maletines).

El contratista entrevistado sostuvo que cuando se ganan una licitación y éstos no gozan de la confianza del político, los mini-carteles de contratación les toca "pagar en especie": "cuando el contrato es grande y ellos (los políticos) no confían mucho en uno, generalmente hay que escriturarle propiedades a uno de ellos para que le entreguen el contrato, es como un pago en especie".

Cuando se le preguntó qué tipo de propiedades se escrituran, el contratista afirmó: "Se pueden entregar lotes, casas y fincas".

A parte del lucro personal, el contratista le dijo a RCN La Radio que los políticos viciaban los contratos para asegurar su (re)elección: "Los políticos necesitan 'la platica' para hacer campaña"[24].

Los contratistas que ingresan a esta danza de millones, se someten a estas condiciones. A los que les va bien, el precio

---

[24] RADIO RCN. En 10 años se han perdido $832 mil millones por corrupción en contratos de obras viales, según la Contraloría. 5 Dic 2013. En la siguiente página web: https://www.rcnradio.com/colombia/en-10-anos-se-han-perdido-832-mil-millones-por-corrupcion-en-contratos-de-obras-viales

de su contrato se le incluye el sobrecosto del 20%, que exige el político para adjudicarle el contrato. Al que le va regular tiene que pagar el 20% del valor del contrato en el momento de recibir el anticipo que por regla general es del 50% del valor del contrato, con lo cual, tendrá que iniciar la construcción de la obra con el 30% del valor del contrato, y tendrá que buscar la forma de justificar de forma "imaginaria" el pago del 20% del político, para luego seguir facturando el otro 50% del contrato.

El contratista que paga más del 20%, tendrá que luchar con el político para que le aprueben una adición al valor del contrato, para poder terminar la obra, de lo contrario, no podrá ejecutar el contrato. En este punto es que se presentan los primeros quiebres entre el contratista y el político, pues el contratista exige que, para terminar la obra, el político tiene que gestionar una adición al contrato, y el político pueda que lo haga, o pueda que se niegue; y también puede ocurrir que por más que gestione la adición del contrato, ésta no se logre, y aquí viene la presión de denuncias mutuas y del rompimiento de la confianza, con la afectación a la imagen política.

En este campo, todo el que exigió y no le pagaron, exige el pago a cambio de no hacer un escándalo y revelar lo que sabe. Todo el que recibió está en peligro de ser denunciado. Todos tienen que llegar a un acuerdo, y cuando no se llega a un acuerdo, se inicia el escándalo. Es en este punto, donde el dinero apropiado se gasta en abogados y en la compra de funcionarios para no ser sancionados. En este juego, muchas obras no se ejecutan, o se ejecutan parcialmente, y con muy mala calidad.

Económicamente veamos un ejemplo que nos muestra, por qué las políticas y obras públicas no se pueden ejecutar a cabalidad en este modelo de corrupción política:

El manejo normal de un contrato o un proyecto es el siguiente:

Valor del contrato 50.000.000.000

Valor de impuestos a cancelar 35%= 17.500.000.000

Valor de gastos para la ejecución del contrato 60%= 30.000.000.

Utilidad bruta para el contratista 5%= 2.500.000.000

Como podemos observar, la carga tributaria de la ejecución de un contrato llega al 35% del valor del mismo[25], y ello es un costo fijo que no se puede evitar, quedando el 75% del valor del contrato, del cual, en condiciones normales se destina el 60% a la ejecución del mismo. Si a esa ecuación, se le extrae un 10%, un 20%, o más se corre el riesgo de no poder ejecutar el contrato. Igualmente, si se parte de la idea de que

---

[25] MORENO ZAMBRANO, Alvaro Jose; DELGADO GIRALDO, Diana Elliser; BEDOYA RINCON, Maria Eugenia. Aspectos tributarios para los contratos de obra pública en Colombia. Monografía presentada para optar por el título de Especialista en Derecho Tributario. Pontificia universidad Javeriana facultad de ciencias jurídicas especialización en derecho tributario Bogotá 2017. En la siguiente página web:
https://repository.javeriana.edu.co/bitstream/handle/10554/41119/Documento.pdf?sequence=4&isAllowed=y consultada el 1 de Febrero de 2021.

en el anticipo, que es del 50% por regla general, se pierde el 10% o el 20% del valor total del contrato por la corrupción política, sin tener en cuenta los impuestos que hay que pagar con mayor razón se puede evidenciar que el contrato no se va a poder ejecutar en su totalidad. Así la única forma de terminar un contrato en estas condiciones, es que desde el inició se lleve a un sobrecosto del valor real, o que se termine adicionando el contrato, para poder ejecutar las obras, y muchas veces también en la ejecución se vuelve a exigir por parte del político el 10%, el 20% o más para realizar la gestión. Así que el contrato, nunca logra el equilibrio necesario para ejecutarse, o siempre será ejecutado en sobrecosto.

Los contratistas para aumentar sus ganancias y no trabajar a pérdida, comienzan a bajar costos, y así contratan a profesionales menos calificados, compran materiales de menor calidad, y los proyectos terminan desarrollándose en déficit de ejecución. Así las obras y políticas públicas se ejecutan mal, de forma precaria o nunca se ejecutan de acuerdo con el porcentaje que se exige para pagar la corrupción, como dijimos anteriormente, si es del 10% se puede observar buenos niveles de ejecución, si sube al 20% el nivel de ejecución es precario, si es 30% la obra queda incompleta, y si es más del 30%, ya es seguro que no se va a ejecutar.

También tenemos que tener en cuenta otros factores, por ejemplo, si es un contrato de prestación de servicios, como elaboración diseños, capacitación, asesoría, consultoría, los porcentajes que exigen los políticos pueden llegar al 50%, pues los productos son conceptos, diseños, o labores intangibles, que no manejan los mismos precios que una obra pública, pero que igualmente son costosos, y su servicio, no genera tantos costos, así que las ganancias son mayores.

También se debe tener en cuenta, que el contratista es un empresario que seguramente realizó un aporte a la campaña del político, así que no es un simple empresario que va a buscar una utilidad, sino que es un empresario que va a tratar de recuperar la inversión con el contrato, por lo tanto, el busca recuperar un monto fijo de su aporte a la campaña, así que este es otro factor, que induce al contratista a bajar los costos, para aumentar su utilidad y recuperar así su inversión.

También ocurre que la corrupción mantiene a todo un aren que viven de la contratación, que son los mensajeros, los intermediarios, los testaferros que lavan el dinero de la corrupción, los periodistas, los entes de control y todas las personas que deben comprarse para ocultar la corrupción o para que se hagan de la vista gorda y no la saquen a la luz pública. La danza de los millones costea todo esto, así hay jueces y fiscales que a cambio de no iniciar procesos de investigación o retardarlos, cobran para no afectar a los corruptos. Hay medios de comunicación que extorsionan a los corruptos para no exponerlos a la luz pública. Y así, hay muchas obras que no se ejecutan porque los recursos destinados a ellas, deben ser destinados para pagar a los extorsionistas de los corruptos.

Desde el punto de vista económico, existen tres formas financieras de manejar un contrato.

El jineteo o el carrusel, que es cuando inicias un contrato en déficit o a pérdida, y para cumplirlo, requieres que te adjudiquen otro contrato, para poder cumplir el anterior, haciendo que el nuevo contrato también inicie en pérdida, por lo que requieres de un tercer contrato para cubrir el segundo, y así, hasta que llega el punto en que no adjudican el cuarto contrato, y el tercero queda sin fondos para terminarse, y ahí queda la obra incompleta.

La segunda forma, es la ejecución del contrato y esperar la ganancia al finalizar el contrato. El problema con ello, es que con un contrato que se inicia con un anticipo, y se da una cuota para la corrupción, no será posible terminar la obra, o ejecutarla completamente, iniciando con un déficit mayor del 10% y con una carga tributaria del 35% del valor total del contrato. Así es muy difícil esperar las ganancias hasta el final del ejercicio. Muchos contratistas en estas circunstancias aseguran sus utilidades o el retorno de su inversión desde el pago del anticipo, y por ello no logran ni iniciar la ejecución del contrato.

La tercera forma, es que el contratista logre en cada pago un porcentaje de su utilidad y vaya amortizando sus inversiones y gastos. Pero el problema es el mismo, si la afectación provocada por la corrupción al equilibrio contractual permite o no la ejecución del contrato en óptimas condiciones.

RESUMEN Y CONCLUSIONES.

El modelo actual de ejecución de obras públicas y políticas públicas, no permite el desarrollo y el progreso de nuestro país. La corrupción hace que en los contratos se invierta menos del 40% y 30% de los recursos destinados a cada proyecto, lo cual repercute en la calidad, y la viabilidad del proyecto. A veces ante la imposibilidad de iniciar la obra con los recursos que quedaron luego de que el político corrupto extrae su tajada, muchos proyectos no logran siquiera iniciar.

Las obras que se terminan son aquellas que tienen sobrecostos, prórrogas, adiciones y modificaciones de los contratos iniciales. Así que estos contratos se terminan, con sobrecostos enormes como ocurrió en el caso de Reficar y el túnel de la línea.

No existe de esta manera una forma de ahorrar recursos para la Nación, así que el déficit presupuestal, y la deuda externa, seguirán aumentando, y así igualmente aumentarán los impuestos, de manera descomunal.

La corrupción inicia desde la elección de los cargos de elección popular, la corrupción paga, el costo de las campañas, y el dinero del Estado, se gasta inoficiosamente en volantes, pasacalles, panfletos, papelería, asesores de campañas. Fuera de ello, las campañas políticas son costosas para el Estado, viendo toda la logística que requiere realizarla. Lo mejor que podría ocurrir es que las campañas electorales sean virtuales y las elecciones también, -las elecciones de papel, hasta el momento, no han garantizado que no se haga un fraude electoral-. Es necesario disminuir los costos de las campañas, así como la posibilidad de que los candidatos obtengan votos utilizando maquinaria política corrupta, y no por su valor político.

Los entes de control, como la fiscalía, la procuraduría y la contraloría, deben ser elegidos, no por los mismos políticos que deben vigilar, sino deben ingresar a sus cargos por concurso de méritos, así no estarían sujetos a la elección de los políticos y comprometerían su imparcialidad al ejercer sus funciones de control y juzgamiento. En caso del Fiscal general de la Nación, el procurador general de la Nación y el Contralor, deberían ser cargos elegidos las altas cortes, por funcionarios de carrera administrativa, de una lista que no sea propuesta por ningún político. Así se garantizaría mayor imparcialidad y mayor control de la corrupción. En otros países estos funcionarios son de elección popular, pero si las campañas cuestan, y las patrocinan grupos políticos y económicos, el resultado seguiría siendo nefasto.

La contratación y las políticas públicas deben proyectarse a producir y a desarrollar el país. Los recursos deben ser invertidos para producir más riqueza, desarrollo y prosperidad, cambiando así la concepción de gasto y de sostenibilidad de los grupos políticos. El Estado debe proveer de las condiciones para que la población se desarrolle, la visión debe ir dirigida a invertir, para producir más riqueza.

Este no es un tema de izquierda o de derecha, pues el modelo lo aplican todos indistintamente a su afinidad política. Todos requieren dinero para sus elecciones, y luego de alguna forma deben devolverlo o pagarlo.

Quien pueda llegar al poder y solo vivir de su salario, es porque no tiene deudas o compromisos adquiridos para obtener su cargo, lo cual, no es posible en una sociedad que por ignorancia se vende en las elecciones. Lo ideal, es que un candidato pudiera ser elegido sin invertir mucho dinero en su campaña. Y que maneje una visión de Estado diferente, donde produzca, y que no solo gaste. Entre más deudas tenga el Estado, más impuestos se van a crear.

La otra verdad, es que en Colombia no sabemos elegir, aún se compran a los votantes por un plato de sopa; elegimos a personas que no cuentan con las capacidades para ejercer los cargos públicos; elegimos a personas vinculados con temas de corrupción. En fin, uno no se explica cómo son elegidos en varias oportunidades personas como Roy Barreras, Armando Benedetti, Paloma Valencia, entre otros como Congresistas. Los votantes debemos estar atentos a la vida política de los funcionarios públicos, y aplicar el voto castigo, en contra las grandes personalidades del país que solo viven del Estado, y le hacen daño con su actuar.

3. LA CONTRATACIÓN ES EL MOTOR DE LA CORRUPCIÓN

"Se están robando el país" advertía el humorista Jaime Garzón en sus actuaciones, videos y programas hasta su asesinato el año 1999, esto era lo que textualmente decía:

> "...El país es una gran finca en la cual habitamos todos y por constitución tenemos derecho a un nombre a una nacionalidad, y somos dueños de la soberanía, nosotros decidimos que hacer con este territorio, elegimos a un mayordomo, entonces abrimos licitación, a un "agregado", entonces sale uno y dice: "yo estoy seguro que si ustedes me eligen a mí, vamos a sacar adelante esta finca y vamos a poner acueducto en todos los

municipios" (jaja) entonces listo, y uno elige, y resulta que lo nombramos para que la vaca de más carne, para que la gallina de más huevos , para que el petróleo sea rentable, y se roban la gallina, matan los huevos, matan la vaca."[26]

Hoy en día a la corrupción se le dice folklóricamente "la mermelada", un término evolucionado a la elocuente frase del ex presidente Julio César Turbay: "Hay que reducir la corrupción a sus justas proporciones" o más bien, a la confesión de Nicolás Maduro de Venezuela: "Los capitalistas que especulan y roban como nosotros".

En Colombia la sociedad Civil se encuentra anestesiada respecto de los actos graves de corrupción pública con el humor, pues a todos escándalos de corrupción le ponen una etiquita, un nombre gracioso, un nombre curioso, que disimulan la seriedad del problema y lo vuelven todo un chiste. Por ejemplo hay un chiste cruel, en el cual a un asesor jurídico de una Gobernación de la costa le preguntan por qué no se aplicó un artículo de la Ley 80 de 1993, y el contestó: "es que ese artículo de la Ley aquí no pegó".

En un congreso de contratación pregunté qué tenía que ver la contratación con la corrupción, y todos los asistentes se rieron, pero existe una respuesta muy simple para ello: El costo de las campañas políticas es el origen de la corrupción, es decir, lo que debe invertir un candidato para lograr elegirse en un cargo público de elección popular, no guarda ninguna proporción con su asignación salarial mensual, multiplicada

---

[26] GARZÓN, Jaime. Conferencia en Cali. 1997. Citada en el Blog de Andrea Arbeláez. En la siguiente dirección web: http://catarbe70.over-blog.com/article-34125083.html

por todos los años de su periodo. En palabras más sencillas, lo que se va a ganar un político en el cargo de elección popular al que aspira, no le alcanza para financiarse la campaña. Así las cosas, el dinero que invierte debe sacarlo de recursos propios o debe ser financiado por otras personas, y la forma de pagarlo, es a través de "las mordidas" en los contratos públicos o a través del clientelismo. En suma, las elecciones son una apuesta que hacen personas con poder económico al caballo ganador, y muchas veces estos grupos apuestan a todos los caballos, para no perder. De esta forma, las personas que llegan al poder tienen que pagar sus deudas a través de contratos, servicios, cargos públicos, beneficios en los servicios del Estado (como sentencias judiciales como en el caso de Pretelt el Magistrado de la Corte Constitucional) y exenciones tributarias (como en el escándalo de la Dian).

Las campañas políticas siempre terminan siendo financiadas con los recursos del Estado, porque los presidentes, los gobernadores y los alcaldes de turno, apoyan a sus sucesores para garantizar la continuidad de "la política social y administrativa" de su gobierno. Sin embargo, el apoyo al sucesor se hace más para garantizar que el gobierno siguiente, les resguarde las espaldas, y evitar que sus antagonistas comiencen a destapar las ollas podridas que dejaron tras su administración.

Teniendo presente todo el anterior preámbulo para entender por lo menos desde el punto de vista político, social y económico, el fenómeno de la corrupción en Colombia, ya se puede analizar una parte del origen del problema de la relación entre la corrupción y la contratación pública.

En este contexto, me referiré al contenido de dos artículos publicados por la revista Semana el 13 de Agosto de 2016, "Informe Especial: La telaraña de la contratación en Colombia" y "Los polémicos reyes de la contratación en el país", donde se exponen apartes de un informe realizado por la Auditoría General de la República, sobre el tema de la contratación en Colombia, y del cual quiero tomar algunos apartes para analizarlos a continuación:

> "... el presidente de la Cámara Colombiana de la Infraestructura, Juan Martín Caicedo Ferrer, desde hace más de un año viene denunciando que las alcaldías y gobernaciones, con creciente frecuencia, están contratando mediante pliegos amañados o direccionados para beneficiar a un único proponente. Un estudio realizado por ese gremio en 12 departamentos encontró que el 65 por ciento de los contratos se adjudicaron a un único aspirante, prácticamente 'a la medida'."[27]

En este aparte se pueden evidenciar los siguientes problemas:

1) Se presentan procesos de contratación dirigidas a adjudicar a un solo contratista, que no obedecen al concepto de selección objetiva.
2) Se tratan de alcaldías y gobernaciones representadas por personas elegidas por votación popular, y que requieren reintegrar los costos de sus campañas.

---

[27] REVISTA SEMANA. "Informe Especial: La telaraña de la contratación en Colombia". Publicada el 13 de Agosto de 2016 en la siguiente página web: http://www.semana.com/nacion/articulo/informe-especial-la-telarana-de-la-contratacion-en-colombia/487687. Consultada el 18 de Agosto de 2016.

3) Por el monto de la contratación no podrían hacer contratación directa, pero en todo caso definen los requisitos de las licitaciones para que solo puedan adjudicarse los contratos a las personas previamente definidas, de ahí el 65 por ciento de los contratos se adjudiquen a un único aspirante.

Sobre estos hechos, el artículo 410 A del Código Penal, que fue creado por el estatuto anticorrupción, establece lo siguiente:

> Artículo 27. Acuerdos restrictivos de la competencia. La Ley 599 de 2000 tendrá un artículo 410 A, el cual quedará así: El que en un proceso de licitación pública, subasta pública, selección abreviada o concurso se concertare con otro con el fin de alterar ilícitamente el procedimiento contractual, incurrirá en prisión de seis (6) a doce (12) años y multa de doscientos (200) a mil (1.000) salarios mínimos legales mensuales vigentes e inhabilidad para contratar con entidades estatales por ocho (8) años.
>
> Parágrafo. El que en su condición de delator o clemente mediante resolución en firme obtenga exoneración total de la multa a imponer por parte de la Superintendencia de Industria y Comercio en una investigación por acuerdo anticompetitivos en un proceso de contratación pública obtendrá los siguientes beneficios: reducción de la pena en una tercera parte, un 40% de la multa a imponer y una inhabilidad para contratar con entidades estatales por cinco (5) años.

Es decir, la conducta de amañar las licitaciones para alterar ilícitamente el procedimiento contractual se encuentra tipificada como delito en el Código Penal, en un tipo penal que se encuentra en los delitos contra administración pública, en el título de celebración indebida de contratos.

De esta forma, la Fiscalía General de la Nación tiene la herramienta para iniciar las investigaciones correspondientes, y lo más lógico es que aplique el principio de oportunidad a los funcionarios de más bajo nivel que colaboren, para ir dirigiendo la investigación en contra de los mandos medios, hasta llegar a los cabecillas de estas organizaciones que se nutren de la corrupción.

El siguiente tema que plantea el artículo es sobre la acumulación de la contratación pública en unos pocos sectores, evidenciándose así la violación al principio de selección objetiva:

> "De ahí la importancia de la investigación que desde hace más de un año viene realizando la Auditoría General de la República. Sus primeras conclusiones dejan al descubierto no solo los mecanismos usados para evadir la Ley 80, sino cómo detrás se han tejido complejas mallas empresariales que se han ido apoderando de los recursos de los colombianos. Una especie de grupos Nule capaces de contratar desde una autopista, un hospital o un colegio hasta proveer el suministro de medicamentos, alimentos o capacitaciones.
>
> Tras revisar los 20 billones de pesos que las alcaldías y gobernaciones contrataron entre 2014 y comienzos de

2016, los investigadores de la Auditoría encontraron que 8,1 billones quedaron en 78 redes o, como las llamó la entidad, mallas empresariales. Es decir, "la unión de varias empresas y/o personas naturales que se pueden 'camuflar' a través de uniones temporales y consorcios con el fin de ganar los procesos de selección de las diferentes contrataciones que se realizan en el país y lo que puede generar una monopolización de los negocios del Estado". Cesar, Bolívar, Casanare, La Guajira, Huila y Cundinamarca son los departamentos donde más se contrata mediante estas 'mallas'.

De todos los grupos identificados por la Auditoría, uno llama particularmente la atención pues recibió el 80 por ciento del dinero de los contratos, es decir, 6,3 billones de pesos. Bautizada por la entidad como la malla Castillo Baute-Vergara-Ordosgoitia-Rojas-Valderrama-Solarte-OLT, esta red tiene más de 1.000 socios y 800 consorcios, entre los cuales se relacionan desde bandas de música hasta empresas de logística y constructoras (ver recuadro 'La red más grande')."[28]

En estos apartes ya se vislumbra es otro problema, pues ya no se trata de licitaciones amañadas para que sea un solo proponente el que cumpla las condiciones, aquí se trata es que se ponen de acuerdo unos grupos empresariales para turnarse en los procesos de licitación, algo parecido a lo que ocurrió con los carteles de las empresas de seguridad, donde un grupo de empresas, crea otro grupo de empresas, para participar en una misma licitación pública, en síntesis son los mismos dueños con diferentes nombres y manipulan todo el

---

[28] Ibíd.

proceso licitatorio, donde cumplen el requisito de que existan varios proponentes, pero en últimas es un solo grupo.

También con esta estrategia manipulan los precios de las ofertas, pues por ser el mismo grupo, de antemano saben las ofertas de los demás, y en últimas terminan turnándose la adjudicación de los contratos, estableciendo previamente cuál de las empresas presenta la mejor propuesta, y qué licitación debe ganarse cada empresa.

Nuevamente esta es una conducta que encaja en el tipo de acuerdos restrictivos de la competencia establecido en el artículo 410 A del Código Penal colombiano, porque se trata de un acuerdo donde se evade el proceso de selección objetiva establecida en la licitación o en los concursos. Hay que tener en cuenta que este tipo penal aunque se encuentra en los delitos contra la administración pública, no requiere que el que la realice sea servidor público para cometerlo, así que pueden ser particulares que se concierten "para alterar ilícitamente el procedimiento contractual", y como dijimos anteriormente, el acuerdo de estas organizaciones criminales busca definir previamente quién gana la licitación, y además terminan manipulando los precios de las ofertas, lo que sin duda altera ilícitamente el procedimiento contractual.

En otro aparte del artículo, tratan el tema del objeto social y su correspondencia con el proceso de contratación:

> "El objeto social no necesariamente tiene que coincidir con el sector de contratos. O al menos así lo hizo ver Insuagros Ltda., que se unió con otras empresas en el consorcio Constructores Regionales 2014, para dedicarse a construir colegios a pesar de que su objeto

es el "comercio al por mayor y detal de insumos agrícolas". Por ejemplo, a esta unión de empresas se le encargó la nueva sede del Centro Educativo de la vereda Bocas de Guamal en Lorica (Córdoba).

Llaman la atención los casos de OLT Logistics, que en principio era una banda de músicos que terminó construyendo vías en Córdoba, La Guajira y Cesar. Además, varias de las empresas con las que se han asociado no fueron creadas para construir infraestructura, sino para objetivos como comercializar productos y servicios para el sector agropecuario. De esta manera, una sola empresa termina con contratos en distintos sectores como transporte, infraestructura, medioambiente y educación."[29]

Las sociedades mercantiles deben definir su objeto social, que determina su campo de acción, su razón social, las actividades a las que se dedica, y de acuerdo con el derecho, la capacidad de acción de una sociedad está limitada por su objeto social, así que nadie podría contratar a una sociedad, para que le preste un servicio que no se encuentre contemplado en su objeto social. Este objeto social puede cambiar por disposición de los socios y ello no es ilegal. Hoy en día los objetos sociales de las empresas son muy amplios y buscan abarcar muchas actividades. En el caso de la contratación pública, una sociedad no puede contratar una obra pública con el Estado si no tiene esta actividad dentro de su objeto social, y ello se

---

[29] REVISTA SEMANA. Los polémicos reyes de la contratación en el país. Publicado el 13 de Agosto de 2016. Publicado en la siguiente página web: http://www.semana.com/nacion/articulo/informe-especial-los-polemicos-reyes-de-la-contratacion-en-el-pais/487688. Consultado el 16 de Agosto de 2016.

verifica a través del RUP, que es el registro único de proponentes en el cual aparece las actividades específicas a las cuales se dedica el concursante. Igualmente, en los pliegos de condiciones de una licitación pública o selección abreviada, se les exige a las empresas que van a concursar, que demuestren experiencia en el campo e idoneidad para cumplir con el contrato.

Así las cosas, si el Estado contrata con una sociedad que no tiene dentro su objeto social la actividad para la cual se le va a contratar, existe falta de capacidad, y si además, no cumple con los requisitos de experiencia e idoneidad solicitados en la licitación, estaríamos frente a un delito de celebración indebida de contratos por incumplimiento de los requisitos legales:

> Artículo 410. Contrato sin cumplimiento de requisitos legales. Modificado por el art. 33, Ley 1474 de 2011. El servidor público que por razón del ejercicio de sus funciones tramite contrato sin observancia de los requisitos legales esenciales o lo celebre o liquide sin verificar el cumplimiento de los mismos, incurrirá en prisión de cuatro (4) a doce (12) años, multa de cincuenta (50) a doscientos (200) salarios mínimos legales mensuales vigentes, e inhabilitación para el ejercicio de derechos y funciones públicas de cinco (5) a doce (12) años. Declarado Exequible Sentencia Corte Constitucional 917 de 2001; Texto subrayado declarado EXEQUIBLE por la Corte Constitucional mediante Sentencia C-652 de 2003.

Se configura el tipo de celebración sin cumplimiento de requisitos legales, porque la capacidad es un requisito legal para celebrar cualquier contrato. Y el incumplimiento de las condiciones de la licitación pública, que es lo mínimo que debe cumplir el proponente para participar en el proceso, y para que se le adjudique el contrato, y si no lo cumple, pues no se reúne el requisito legal[30].

Otro aspecto que se trató en el artículo de la revista es sobre las inhabilidades y las maniobras que se utilizan para evitar las sanciones:

> "Otro común denominador de esta red es que varios consorcios tienen numerosas multas por incumplimiento y demandas por irregularidades en los procesos de selección. Incluso el ente de control registró que David Ricardo Castillo Baute, uno de los constructores más importantes de la costa, fue inhabilitado por dos años para contratar por el Consejo Profesional Nacional de Ingeniería desde enero de 2015. Aun así dice la Auditoría que él aparece en seis consocios de obras de infraestructura en Córdoba, La Guajira y Cesar."[31]

Le Ley 80 es clara sobre las inhabilidades:

---

[30] El parágrafo del artículo 32 de la Ley 80 dispone: "Los proponentes podrán presentar diversas posibilidades de asociación con otra u otras personas naturales o jurídicas cuyo concurso consideren indispensables para la cabal ejecución del contrato de concesión en sus diferentes aspectos. Para el efecto, indicarán con precisión si pretenden organizarse como consorcio, unión temporal, sociedad o bajo cualquier otra modalidad de asociación que consideren conveniente. En estos casos deberán adjuntar a la propuesta un documento en el que los interesados expresen claramente su intención de formar parte de la asociación propuesta. Así mismo deberán presentar los documentos que acrediten los requisitos exigidos por la entidad estatal en el pliego de condiciones."

[31] REVISTA SEMANA. Los polémicos reyes de la contratación en el país. Op. Cit.

Artículo 8º.- De las Inhabilidades e Incompatibilidades para Contratar:

1. Son inhábiles para participar en licitaciones o concursos y para celebrar contratos con las entidades estatales:

a) Las personas que se hallen inhabilitadas para contratar por la Constitución y las leyes

b) Quienes participaron en las licitaciones o concursos o celebraron los contratos de que trata el literal anterior estando inhabilitados.

c) Quienes dieron lugar a la declaratoria de caducidad.

(...)

i) Los socios de sociedades de personas a las cuales se haya declarado la caducidad, así como las sociedades de personas de las que aquéllos formen parte con posterioridad a dicha declaratoria.

Las inhabilidades a que se refieren los literales c), d), e i) se extenderán por un término de cinco (5) años contados a partir de la fecha de ejecutoria del acto que declaró la caducidad, o de la sentencia que impuso la pena, o del acto que dispuso la destitución; las previstas en los literales b) y e), se extenderán por un término de cinco (5) años contados a partir de la fecha de ocurrencia del hecho de la participación en la licitación o concurso, o de la celebración del contrato, o de la de expiración del plazo para su firma.

j) Modificado por el art. 1, Ley 1474 de 2011. Literal adicionado por el art. 18, Ley 1150 de 2007, así: Las personas naturales que hayan sido declaradas responsables judicialmente por la comisión de delitos de peculado, concusión, cohecho, prevaricato en todas sus modalidades y soborno transnacional, así como sus equivalentes en otras jurisdicciones. Esta inhabilidad se extenderá a las sociedades de que sean socias tales personas, con excepción de las sociedades anónimas abiertas

Así las cosas, las personas naturales que hayan sido inhabilitadas o sancionadas por delitos contra la administración pública, y las personas jurídicas diferentes a las sociedades anónimas que los primeros conformen, no podrán contratar con el Estado, y si lo hacen incurrirán en el tipo penal de celebración indebida de contratos violando el régimen de inhabilidades e incompatibilidades[32] Pero el problema con ello, es que como bien lo establece el artículo:

"Las empresas involucradas utilizan múltiples maniobras para no perder los millonarios contratos. Los instrumentos más comunes son la intermediación de terceros, la modificación de la razón social de la

---

[32] Artículo 408. Violación del régimen legal o constitucional de inhabilidades e incompatibilidades. Modificado por el art. 33, Ley 1474 de 2011. El servidor público que en ejercicio de sus funciones intervenga en la tramitación, aprobación o celebración de un contrato con violación al régimen legal o a lo dispuesto en normas constitucionales, sobre inhabilidades o incompatibilidades, incurrirá en prisión de cuatro (4) a doce (12) años, multa de cincuenta (50) a doscientos (200) salarios mínimos legales mensuales vigentes, e inhabilitación para el ejercicio de derechos y funciones públicas de cinco (5) a doce (12) años. Texto subrayado declarado EXEQUIBLE por la Corte Constitucional mediante Sentencia C-652 de 2003.

empresa o el intercambio de representantes legales o juntas directivas. De este modo, sus licitaciones quedan blindadas frente a las contralorías territoriales contra eventuales denuncias de concentración contractual."[33]

Es decir, las personas inhabilitadas utilizan a terceros para evitar el régimen de inhabilidades, constituyen nuevas sociedades y utilizan a sociedades anónimas. En últimas, esta situación es imposible de evitar, pero si elimina la experiencia acumulada por las empresas sancionadas.

La corrupción tiene tres factores criminológicos importantes:

1) Son realizados por personas con poder, experimentadas y bien formadas académicamente, que se mueven en las altas esferas de la política, lo cual les otorga cierto grado de inmunidad por el poder que ejercen sobre los órganos de control y vigilancia. Su modus operandi es el engaño, el arte de darle apariencia de legalidad a lo que no lo es. Siempre actúan a través de otras personas, y a pesar de que tomas las principales decisiones, nunca aparecen ejecutando directamente los hechos. Todo esto es lo que define a los delincuentes de cuello blanco.

2) Las maniobras de la corrupción son aprendidas, son una escuela que se transmite como un conocimiento del éxito. Detrás de un joven corrupto siempre habrá un gran maestro veterano. La necesidad de perdurar para mantener el estatus y no ser expuesto por sus

---

[33] REVISTA SEMANA. "Informe Especial: La telaraña de la contratación en Colombia". Ob cit.

antagonistas, requiere de experiencia y racionalidad, contrarias a la impulsividad y la irracionalidad.

3) El corrupto en sus actos, no tiene sentimientos de culpa, ni de empatía, y auto justifica su actuación como un acto que todos hacen y que deben hacer para llegar al existo. En síntesis su visión y su argumento es, "por qué me culpan a mí solamente, si eso todo el mundo hace lo mismo", "yo soy una víctima de todo el sistema, pues es tan normal, que no debería ser ilegal", incluso, terminan diciendo "usted no sabe cómo es que se mueve este país, pero yo sí."

4. LAS LICITACIONES AMAÑADAS Y EL DERECHO PENAL

De acuerdo con un informe del Contralor General de la Nación, el Dr. Edgardo Maya Villazón sobre el estado actual de la contratación en los departamentos de la costa caribe colombiana, se han venido presentando preocupantes casos de riesgo de corrupción en la contratación de las Gobernaciones, Distritos y Municipios de la región Caribe que se vienen ejecutando con recursos de las regalías[34].

Como se mencionó en el informe citado, uno de los grandes problemas que vienen presentando los procesos de contratación, es que se realizan procesos de selección en los

---

[34] Ver CONTRATACIÓN EN LÍNEA, en la siguiente página web: http://www.contratacionenlinea.co/index.php?action=view&id=2483&module=newsmodule&src=%40random50ff48e1e3fd3 consultada el 8 de Septiembre de 2016.

que se termina adjudicando a un único proponente. Al respecto señaló el informe de la Contraloría lo siguiente:

"Alto riesgo de corrupción en la Región Caribe en proyectos financiados con regalías, por contratación con un único oferente". CGR.

By: System Administrator on jueves, septiembre 8

"La Guajira, Cesar, Sucre y Magdalena, los departamentos con mayor riesgo, revela el Contralor Edgardo Maya Villazón.

Están en ejecución 670 proyectos de inversión de regalías en la Región Caribe, que ascienden a $3,2 billones. Y de estos, el 46% (243 por cerca de $1,5 billones) presentan un significativo retraso.

En Audiencia de Rendición de Cuentas, el Contralor General de la República presentó en Barranquilla un detallado balance de la gestión de este organismo de control en la Región Caribe.

Barranquilla, 7 de septiembre de 2016.- El Contralor General de la República, Edgardo Maya Villazón, lanzó hoy una alerta por el alto riesgo de corrupción que se está dando en los departamentos de la Región Caribe, ante el aumento de la contratación de un único oferente para desarrollar los proyectos financiados con recursos de regalías.

La CGR mide este riesgo a través del porcentaje de contratación por concurso (licitación, concurso de méritos y selección abreviada) que se realiza con un único oferente.

El porcentaje para cada uno de los departamentos la Región Caribe es el siguiente, precisó el Contralor:

89% en La Guajira

86% en Cesar

83% en Sucre

82% en Magdalena

81% en Bolívar

76% en Atlántico y Córdoba

Y 56% en San Andrés"[35]

De acuerdo con estos informes, el riesgo de corrupción en la contratación con los recursos de las regalías puede derivarse de procesos de licitaciones amañadas. Esto quiere decir, que en los Municipios, Distritos y Departamentos, se vienen

---

[35] Ibíd.

realizando prácticas ilegales en los procesos de licitación pública para favorecer la adjudicación a un solo proponente. Una de las prácticas más comunes son las "licitaciones a la medida", donde las entidades públicas que abren las licitaciones, elaboran un pliego de condiciones que solo puede cumplir un solo proponente, de esta forma, se presentan varias empresas a la licitación, pero solo una cumple con los requisitos exigidos en la licitación y las demás son descartadas en el proceso de calificación.

Esta conducta inicialmente se encuentra señalada en el artículo 409 del Código Penal como "interés indebido en la celebración de contratos":

> Artículo 409. Interés indebido en la celebración de contratos. Modificado por el art. 33, Ley 1474 de 2011. El servidor público que se interese en provecho propio o de un tercero, en cualquier clase de contrato u operación en que deba intervenir por razón de su cargo o de sus funciones, incurrirá en prisión de cuatro (4) a doce (12) años, multa de cincuenta (50) a doscientos (200) salarios mínimos legales mensuales vigentes, e inhabilitación para el ejercicio de derechos y funciones públicas de cinco (5) a doce (12) años.

De acuerdo con la norma penal y con la jurisprudencia de la Corte Suprema de Justicia, con el citado tipo penal se sanciona al servidor público que vulnere el principio de selección objetiva de la contratación estatal que consiste en la escogencia donde "se hace al ofrecimiento más favorable a la entidad y a los fines que ella busca, sin tener en consideración factores de afecto o de interés y, en general, cualquier clase de motivación subjetiva." De esta manera, un funcionario público altere los criterios de selección objetiva para favorecer a un contratista sobre los demás, en cualquier clase de contratación u operación en que deba intervenir por razón de su cargo o de sus funciones, incurrirá en el tipo penal de interés indebido en la celebración de contratos. En consonancia con lo anterior, quién diseñe a sabiendas una licitación pública con requisitos que de antemano solo cumple un solo contratista, altera el principio de selección objetiva, igualdad y transparencia y se hace acreedor a la sanción contenida en el tipo penal analizado. Recordemos que en los delitos contra la contratación, se entienden como servidores públicos, sin tener en cuenta la naturaleza jurídica de su vinculación, sino el ejercicio de su función como contratista, asesor, consultor e interventor, funciones que por estipulación legal comprenden funciones públicas.

Ahora bien, si el servidor público exige una retribución por realizar una "licitación a la medida", también incurrirá en el delito de concusión (Art. 404 del C.P.). Pero si es el futuro contratista quién ofrece promesa remuneratoria para que le fabriquen una "licitación a su medida", el futuro contratista incurrirá en el delito de cohecho por dar u ofrecer (Art. 407 C.P.), y el servidor público incurriría en el delito de cohecho propio (Art. 405 C.P.).

Existe otra mala práctica en los procesos de licitación pública, que no provienen de la acción de la administración pública, sino de los mismos oferentes en una licitación. Ya se ha venido detectando esta práctica con el llamado "carrusel de la contratación de las empresas de servicio de vigilancia", donde varios grupos de empresas a veces pertenecientes a un solo grupo económico, y en otras ocasiones simples aliados que realizan pactos entre sí para boicotear las licitaciones públicas. En estos casos son varias empresas que se presentan como oferentes diferentes, pero en realidad se trata de uno solo, porque mediante acuerdos privados, determinan de antemano qué empresa se va a ganar cada licitación, alternándose unas con otras. Cuando ello ocurre, se presentan varias empresas como oferentes, sabiendo que no reúnen los requisitos de la licitación para cumplir con la formalidad y luego se van retirando, o la misma administración las va descartando por no cumplir con los requisitos, quedando un solo oferente que a la postre se le adjudica el contrato. De conformidad con esta práctica la respuesta penal debe cambiar, y los oferentes que realizan estas conductas estarían incurriendo en el tipo penal de acuerdos restrictivos a la competencia contenido en el artículo 410 A:

> Artículo 27. Acuerdos restrictivos de la competencia. La Ley 599 de 2000 tendrá un artículo 410 A, el cual quedará así: El que en un proceso de licitación pública, subasta pública, selección abreviada o concurso se concertare con otro con el fin de alterar ilícitamente el procedimiento contractual, incurrirá en prisión de seis (6) a doce (12) años y multa de doscientos (200) a mil (1.000) salarios mínimos legales mensuales vigentes e

inhabilidad para contratar con entidades estatales por ocho (8) años.

En igual conducta incurriría el servidor público que se concertare con los oferentes para configurar este tipo de acuerdos que alteran ilícitamente el procedimiento licitatorio, para favorecer a algún oferente. Cabría además la posibilidad de configurar un cohecho si además de participar en el acuerdo, también acepta alguna promesa remuneratoria de los particulares.

Sin duda se trata de dos de las prácticas más comunes para defraudar los procesos de las licitaciones públicas, pero que se requiere de un buen análisis en cada caso concreto, porque también hay que tener en cuenta que la administración no puede contratar con personas que no cumplan con los requisitos exigidos desde el punto de vista técnico para desarrollar las obras. En efecto, cuando un oferente cumple con los requisitos en el papel, pero no en la realidad, se ponen en riesgo los recursos del Estado, por tanto, no es ilegal per se que en ocasiones solo se pueda adjudicar a un único oferente que si reúna los requisitos necesarios para realizar la obra, para detectar las malas prácticas de "las contrataciones a la medida", deben analizarse bajo el criterio técnico los requerimientos que se hacen en una licitación pública para identificar cuáles configuran una violación a los principios de selección objetiva, igualdad y transparencia, y que generan una ventaja ficticia para el proponente.

En el caso de los acuerdos restrictivos, es más complicado detectarlos, pero no imposible. Se deben analizar varias contrataciones y establecer un patrón de conducta. Así se debe establecer si en varios procesos licitatorios se favorecieron en varias ocasiones a un mismo grupo de empresas, y ello, ya es una práctica que se viene evidenciando:

> "De ahí la importancia de la investigación que desde hace más de un año viene realizando la Auditoría General de la República. Sus primeras conclusiones dejan al descubierto no solo los mecanismos usados para evadir la Ley 80, sino cómo detrás se han tejido complejas mallas empresariales que se han ido apoderando de los recursos de los colombianos. Una especie de grupos Nule capaces de contratar desde una autopista, un hospital o un colegio hasta proveer el suministro de medicamentos, alimentos o capacitaciones.

> Tras revisar los 20 billones de pesos que las alcaldías y gobernaciones contrataron entre 2014 y comienzos de 2016, los investigadores de la Auditoría encontraron que 8,1 billones quedaron en 78 redes o, como las llamó la entidad, mallas empresariales. Es decir, "la unión de varias empresas y/o personas naturales que se pueden 'camuflar' a través de uniones temporales y consorcios con el fin de ganar los procesos de selección de las diferentes contrataciones que se realizan en el país y lo que puede generar una monopolización de los

negocios del Estado". Cesar, Bolívar, Casanare, La Guajira, Huila y Cundinamarca son los departamentos donde más se contrata mediante estas 'mallas'.

De todos los grupos identificados por la Auditoría, uno llama particularmente la atención pues recibió el 80 por ciento del dinero de los contratos, es decir, 6,3 billones de pesos. Bautizada por la entidad como la malla Castillo Baute-Vergara-Ordosgoitia-Rojas-Valderrama-Solarte-OLT, esta red tiene más de 1.000 socios y 800 consorcios, entre los cuales se relacionan desde bandas de música hasta empresas de logística y constructoras (ver recuadro 'La red más grande')."[36]

De acuerdo con lo anterior, ya se han venido identificando en el caso colombiano, que de los procesos de contratación que se desarrollan en el país, muchos quedan en unos pocos grupos económicos que se están convirtiendo en monopolios de la contratación estatal.

Los riesgos reales de estos procesos de monopolización del poder y de la contratación es el incumplimiento de los contratos, hecho que también dejo evidente el informe del Contralor General de la República:

---

[36] REVISTA SEMANA. "Informe Especial: La telaraña de la contratación en Colombia". Publicada el 13 de Agosto de 2016 en la siguiente página web: http://www.semana.com/nacion/articulo/informe-especial-la-telarana-de-la-contratacion-en-colombia/487687. Consultada el 18 de Agosto de 2016.

"**Preocupantes atrasos**

Al intervenir en una Audiencia Regional de Rendición de Cuentas, en el Auditorio de Combarranquilla, el Contralor Maya Villazón señaló también los atrasos que presentan varios proyectos de regalías y entregó el siguiente balance al respecto:

El valor total de los proyectos aprobados a la región Caribe, a junio de 2016, es de $ 5,9 billones.

El valor de los proyectos terminados es de un poco menos de $2,3 billones, el 40,5% del total de los proyectos aprobados. En número, los proyectos terminados son 1.459 (58%).

Por departamentos, San Andrés está en la situación más crítica, pues apenas el 5% de sus proyectos han terminado. También es bajo este porcentaje en Magdalena (19,6%). La Guajira está por debajo del promedio de la región con el 32,5%. En los demás departamentos el porcentaje del valor de los proyectos terminados está por encima del promedio de la región, entre 41% (Sucre) y 52% (Córdoba).

Están en ejecución 670 proyectos de inversión de regalías en la Región Caribe, que ascienden a $3,2 billones.

De éstos, hay 243 proyectos por un valor cercano a $1,5 billones, que equivalen al 25% de los aprobados, y al 46% de los que están en ejecución, que presentan un significativo retraso.

Es decir, llevan un año o más de retraso respecto de la fecha de terminación inicialmente prevista, y menos del 80% de avance físico. El riesgo más alto, lo presenta San Andrés, que tiene el 81% del valor de los proyectos en esta situación. Le sigue La Guajira con el 33,8% y Sucre con el 32%.

Los menores porcentajes los tienen Magdalena y Atlántico con 8,7% y 15,2%. Los demás departamentos de la región tienen porcentajes de proyectos en esta situación entre el 20% (Bolívar) y el 25% (Cesar).

Proyectos en riesgo de desaprobación

Por otra parte, el valor de los proyectos en riesgo de desaprobación (aquellos que siendo aprobados no han iniciado su ejecución después de seis meses) asciende a alrededor de $187,5 mil millones, o sea el 3,2% de los proyectos aprobados.

Por departamentos este indicador es bastante alto en San Andrés, que tiene el 33,4% del valor de los proyectos en esta condición. Le siguen los departamentos de La Guajira y Atlántico con el 7,6% y el 5,6% respectivamente."[37]

Como se dijo anteriormente, si un solo el contratista que reúne las condiciones para adelantar una obra, y los demás no, se debe realizar la contratación con el que puede realizarla. Pero el problema de los monopolios en la contratación, es como se evidenció con el grupo Nule en "el carrusel de la contratación en Bogotá". El grupo Nule no tenía capacidad para contratar, porque ya tenían en curso otras obras que aún no habían culminado, y sin embargo, seguían participando en las licitaciones y las seguían ganando. Se ofrecían "mordidas" a los servidores públicos que dirigían los procesos de contratación y así se les adjudicaban los contratos. Los anticipos eran utilizados para el pago de mordidas y no para las obras, y por ello se presentaban los atrasos en las obras y posteriormente los incumplimientos. Los recursos de una obra eran utilizados para terminar las obras más atrasadas, y por ello, necesitaban ganar más licitaciones para cumplir con las obras que estaban atrasadas en otros contratos ya celebrados. La necesidad por terminar las obras atrasadas hacían que prometieran más porcentajes de mordidas a los servidores públicos que manejaban la contratación, con lo cual, disminuían también los recursos para ejecutar las obras.

El caso de los Nule, es la concreción del riesgo que se evidencia en el informe de la Contraloría General de la República, pues es preocupante el retraso de los proyectos, y

---
[37] Ibíd.

el bajo porcentaje de ejecución de los proyectos, lo que puede indicar que existen problemas para la ejecución de los contratos y lo que es mucho más preocupante para la terminación de las obras.

5. EL DELITO DE CELEBRACIÓN INDEBIDA DE CONTRATOS Y EL FRACCIONAMIENTO DE CONTRATOS.

El fraccionamiento de los contratos estatales es una de las malas prácticas más comunes en la contratación estatal, su finalidad es evitar los procesos de selección objetiva, especialmente la licitación, para acudir a la contratación directa y seleccionar a dedo al contratista de la preferencia.

De conformidad con el artículo 24 de la Ley 80 de 1993, toda contratación deberá someterse a licitación público, excepto en varios casos, entre los que se encuentran los contratos de menor cuantía. La cuantía de un contrato se define de acuerdo con el presupuesto de la respectiva entidad contratante, y se encuentra determinada por salarios mínimos.

Así las cosas, para evitar un proceso de licitación pública de manera fraudulenta, se acude a la figura del fraccionamiento de contratos, en la cual, la construcción de una sola obra por ejemplo, se divide en varios contratos que se celebran con uno o varios contratistas, por un valor que no supere la menor cuantía dispuesta para el respectivo ente público. De esta forma, el ente contratante evita el proceso de licitación pública, y escoge directamente al contratista para la ejecución del contrato.

Existen razones prácticas para valerse de tal artimaña para evitar una licitación pública, y es en parte el tiempo, trabajo, y desgaste que implica iniciar un proceso de licitación pública, que en cierta forma vuelve aún más lentos los procesos de ejecución del presupuesto público, sin embargo, por debajo de esta mala práctica, se encuentran los intereses más oscuros de la corrupción, y son los de seleccionar a dedo al contratista de su preferencia, monopolizar los recursos de la contratación, y la desviación y apropiación de los recursos del Estado, para fines diferentes al bien común.

De acuerdo con un informe sobre la corrupción en Colombia, el 70% del presupuesto del Estado se ejecuta a través de la contratación, y de ese porcentaje, el 85% se realizó a través de la contratación directa, y además de las pocas licitaciones que se hicieron, el 70% se adjudicó a un único proponente. Además se estima que por lo menos un 15% de todos estos recursos se van para la corrupción. Así las cosas, una de las formas para lograr un porcentaje tan alto en contrataciones directas, es el fraccionamiento de los contratos.

Está claro que la Ley de contratación estatal que es de orden público, exige por el principio de selección objetiva, que la regla general sea la licitación pública y la selección objetiva, y que prohíbe expresamente que se eludan dichos procedimientos, salvo en circunstancias excepcionales, como una urgencia manifiesta. Al respecto, la jurisprudencia de la Corte Suprema de Justicia ha dicho que el principio de selección objetiva implica que *"la escogencia se hace al ofrecimiento más favorable a la entidad y a los fines que ella busca, sin tener en consideración factores de afecto o de interés y, en general, cualquier clase de motivación subjetiva"*.[38]

En el marco del derecho administrativo, es claro que el fraccionamiento de contratos es una conducta prohibida, que en ese ámbito genera la nulidad absoluta del contrato, y que si bien, dicha figura no encuentra en una norma expresa que lo prohíba, es claro que dicha conducta transgrede los fines y la principialistica que rige el contrato estatal:

> "Cuando la contratación directa se realiza burlando el proceso licitatorio a través del fraccionamiento del contrato, es decir, buscando que ninguno de los contratos resultantes de dividir un mismo objeto supere el monto de la cuantía requerida para la licitación, se están desconociendo los principios que inspiran la contratación pública[39]. Al respecto, aunque la conducta

---

[38] Corte Suprema de Justicia; Sala de casación penal; Sentencia No. 30933 de mayo 26 de 2010.
[39] Dicho fraccionamiento estaba expresamente prohibido por el artículo 56 del Decreto 222 de 1983.

de fraccionar los contratos no está prohibida expresamente en la Ley 80 de 1993, la jurisprudencia y la doctrina han sido claras en que la prohibición está implícita si tenemos en cuenta los aspectos esenciales de los principios y reglas que informan el estatuto contractual.

En efecto, se ha considerado que *"Si bien dicha figura no aparece dentro del estatuto actual en los mismos términos de los estatutos anteriores, ello obedece a la estructura misma de la ley 80, puesto que se pretendió terminar con la exagerada reglamentación y rigorismo y en cambio se determinaron pautas, reglas y principios, de los que se infiere la prohibición del fraccionamiento, y que se traduce en distintas disposiciones como la regla contenida en el numeral 8º del artículo 24, según la cual las autoridades no actuarán con desviación o abuso del poder y ejercerán sus competencias exclusivamente para los fines previstos en la ley, y al propio tiempo les prohíbe eludir los procedimientos de selección objetiva y los demás requisitos previstos en dicho estatuto"*[40].

Por su parte, la Corte Suprema de Justicia ha precisado que el fraccionamiento indebido de contratos tiene lugar, *"en los eventos en los cuales la administración para eludir el procedimiento de licitación pública, divide disimuladamente el objeto del contrato con el ánimo de favorecer a los*

---

[40] Corte Suprema de Justicia; Sala de casación penal; Concepto del 14 de septiembre de 2001; Rad. 1373

contratistas. En su demostración, deben confluir las circunstancias siguientes: i) Que sea posible pregonar la unidad de objeto en relación con el contrato cuya legalidad se cuestiona y, de ser así, ii) determinar cuáles fueron las circunstancias que condujeron a la administración a celebrar varios contratos, pues solo de esta manera se puede inferir si el actuar se cimentó en criterios razonables de interés público, o si por contraste, los motivos fueron simulados y orientados a soslayar las normas de la contratación pública"[41].

Finalmente, esta Corporación en sentencia del 3 de octubre de 2000[42], expresó que los principios de la contratación estatal se violan cuando *"se celebran directamente varios contratos, cada uno de menor cuantía y todos con el mismo objeto, si sumadas sus cuantías resulta ser que se contrató un objeto único, por cuantía superior, que por lo mismo debió ser materia de licitación o concurso. Y eso es fraccionar lo que, en realidad, constituye un solo contrato, y eludir el cumplimiento de la ley (...) Pero, ¿cuándo se trata de un mismo objeto? (...) La ley no lo dice, pero un objeto es el mismo cuando es naturalmente uno. Dicho en otros términos, se fracciona un contrato cuando se quebranta y se divide la unidad natural de su objeto"*."[43]

---

[41] Corte Suprema de Justicia; Sala de casación penal; Sentencia No. 30933 de mayo 26 de 2010.
[42] Consejo de Estado; Sala Plena de lo contencioso administrativo; C.P. Darío Quiñónez Pinilla; Sentencia del 3 de octubre de 2000; Rad.: AC-10529 y AC-10968.
[43] CONSEJO DE ESTADO, SALA DE LO CONTENCIOSO ADMINISTRATIVO. SECCION TERCERA SUBSECCION C. Sentencia del 31 de Enero de 201.1Radicación número: 25000-23-26-000-1995-00867-01(17767). Consejera ponente: OLGA MELIDA VALLE DE DE LA HOZ.

De acuerdo con lo anterior, la práctica del fraccionamiento de los contratos está claramente prohibida en la Ley, y los efectos en el derecho administrativos son la nulidad absoluta de los contratos, pero en el derecho penal, también se tienen consecuencias, por cuanto, si es claro que esta conducta busca evadir de forma fraudulenta el principio de selección objetiva, y con ello uno de los requisitos esenciales de un contrato estatal, se estaría configurando un delito denominado celebración indebida de contratos por falta de requisitos legales:

> Artículo 410. Contrato sin cumplimiento de requisitos legales. Modificado por el art. 33, Ley 1474 de 2011. El servidor público que por razón del ejercicio de sus funciones tramite contrato sin observancia de los requisitos legales esenciales o lo celebre o liquide sin verificar el cumplimiento de los mismos, incurrirá en prisión de cuatro (4) a doce (12) años, multa de cincuenta (50) a doscientos (200) salarios mínimos legales mensuales vigentes, e inhabilitación para el ejercicio de derechos y funciones públicas de cinco (5) a doce (12) años.

Ahora bien, como lo establece el Consejo de Estado, en los casos de fraccionamiento de los contratos, además de establecer que la sumatoria de los valores de los contratos vinculados con la conducta, excedieron la mínima cuantía[44], es

---

[44] "De acuerdo con lo establecido en el literal a) del artículo 25 de la Ley 80 de 1993, "1. La escogencia del contratista se efectuará siempre a través de licitación o concurso públicos, salvo en los siguientes casos en los que se podrá contratar

necesario determinar también, cuándo varios contratos hacen parte de un solo objeto natural. En definitiva el indicio más relevante se obtiene de la comparación de los objetos contractuales, donde, se debe determinar que por la redacción se trata de los mismos objetos contractuales, a pesar de existir algunas variaciones mínimas. Sin embargo, ello no siempre es tan evidente, pues en muchas ocasiones se modifica totalmente la redacción del objeto contractual, y en otras en efecto el objeto contractual es diferente, pero los contratos se encuentran tan interrelacionados que no se pueden separar.

En la sentencia del Consejo de Estado que se está estudiando[45], la Corte encontró que en unas obras contratadas por el Departamento de Cundinamarca, se celebraron tres contratos con un mismo contratista para una remodelación del edificio Nemqueteba de Bogotá:

> "El primer contrato tuvo por objeto las obras civiles de la remodelación, el segundo las obras eléctricas y el tercero la construcción, ensamble e instalación de paneles, en la misma obra. Los tres contratos debían

---

directamente: a) Menor cuantía para la contratación. Para efectos de la contratación pública se entenderá por menor cuantía los valores que a continuación se relacionan, determinados en función de los presupuestos anuales de las entidades públicas, expresados en salarios mínimos legales mensuales. Para las entidades que tengan un presupuesto anual superior o igual a 1'200,000 salarios mínimos legales mensuales, la menor cuantía será hasta 1.000 salarios mínimos legales mensuales (…)". Ob. Cit.
[45] Ob. Cit.

ejecutarse de manera coordinada por ser partes de un todo."[46]

De acuerdo con ello, la unidad de objeto natural se estableció por las siguientes razones:

1) Las obras se realizaron en el mismo bien inmueble.

2) El periodo de tiempo de ejecución de los contratos hacía prever que se trataban de obras simultáneas e interrelacionadas, que dependían unas de las otras.

3) Que las obras se encontraban interrelacionadas entre sí, de tal manera, que una no tenía sentido sin la otra, lo cual quedó plenamente probado por los peritos.

En conclusión, queda claro que el concepto de objeto natural de los contratos, trasciende de la mera comparación gramatical del clausulado de los contratos, y debe analizarse desde una perspectiva técnica que abarque todo el contexto de la contratación.

También queda claro, que evadir los procesos de selección objetiva de forma fraudulenta transgrede las normas de orden público que regulan la contratación estatal[47], lo que trae como

---

[46] Ob. Cit.
[47] "Así mismo, el incumplimiento de los procedimientos que regulan la materia, de acuerdo con la posición de esta Corporación, implica que el administrador público "Inobservó los principios de transparencia, economía, selección objetiva y responsabilidad, cuando celebró contratos o convenios superando el tope de la contratación directa sin la formalidad de la licitación pública y fraccionando las cantidades de obra que correspondían al mismo objeto, con el fin de favorecer a

consecuencia en el derecho administrativo la nulidad absoluta, y en el derecho penal, la responsabilidad derivada por la configuración de la conducta de celebración indebida de contrato por falta de requisitos legales.

---

algunos contratistas (...) Es en desarrollo del principio de transparencia que la selección del contratista siempre debe efectuarse por medio de licitación o concurso público, que suponen la escogencia objetiva del contratista sin tener en consideración favores o factores de afecto o de interés. Y es que el objeto de este principio es garantizar la imparcialidad, la igualdad de oportunidades en la celebración de contratos con las entidades estatales y la precitada selección objetiva" Ob. Cit.

6. LA CORRUPCIÓN A TRAVÉS DE LAS ADICIONES DE OBRAS Y ADICIONES DE LOS CONTRATOS.

Los casos de corrupción de REFICAR y del puente de la 93 en Bogotá, han puesto en evidencia otro de los problemas de la contratación estatal al momento de evitar sobrecostos, y con ello, mordidas para la administración pública.

Existen dos situaciones muy complicadas de manejar desde el punto de vista jurídico cuando la ejecución de un contrato de obra depende de certificación técnica de un proyecto. En el caso de REFICAR, los sobrecostos superaron los 4 mil millones de dólares[48], y en el caso del puente de la 93 el mayor valor

---

[48] Los requisitos de 736 millones de dólares de presupuesto límite para la obra y la figura de "llave en mano" para la financiación de la misma –que exigía además la participación de la empresa privada– quedaron en el papel. La obra, que duró 21 años, tuvo un costo cercano de los 2.628 millones de dólares, el contratista principal dejó el proyecto en la mitad argumentando una crisis económica y Ecopetrol tuvo que encargarse de todo.

En el informe especial publicado por Noticias Caracol se revela que se pagaron 8.800 millones de dólares más de lo fijado. Se

supera el doble el costo inicialmente presupuestado (de 61.000 millones de pesos se pasó a 131.000 millones[49]).

¿Pero qué fue lo que ocurrió en estos casos? Una de las formas de corrupción más complejas que se han venido implementando en la contratación estatal, son las mega obras que por problemas técnicos no se terminan en el momento en que inicialmente se proyectaron, y son carta abierta para la corrupción porque en el desarrollo de las mismas se inicia la adición de las obras y las adiciones en los contratos.

---

celebraron sin control alguno un centenar de millonarios contratos, se registraron 717 adiciones y más de 1.000 subcontrataciones. Los sobrecostos estaban a la orden del día y de la estrategia propuesta para pagar cuando la obra estuviera lista se pasó a la cancelación del convenio y el pago por adelantado.

La obra se entregó en octubre de 2015 con seis años de retraso. Un informe de la Contraloría General de la República advirtió por los sobrecostos en la recta final por cerca de 4 mil millones de dólares. La Fiscalía General prepara las primeras imputaciones por los delitos de celebración indebida de contratos, peculado por apropiación y prevaricato por omisión. EL ESPECTADOR, redacción judicial. ¿Qué pasó con la investigación por los sobrecostos en Reficar? 28 de Noviembre de 2016. http://www.elespectador.com/noticias/judicial/paso-investigacion-los-sobrecostos-reficar-articulo-667811. Consultado el 24 de Abril de 2017.

[49] LANCHEROS, Yesid. Los tropiezos en la construcción del puente más elevado de Bogotá. El tiempo. 21 de Junio del 2015. En la siguiente página web: http://www.eltiempo.com/archivo/documento/CMS-16002517. Consultado el 24 de Abril de 2017.

De acuerdo con la jurisprudencia del Consejo de Estado, el aumento de la cantidad de obra es posible en un contrato estatal sin necesidad de adicionar un contrato, y ello es posible, si se aumenta la cantidad de obra cuando resulta necesario terminarla. En estos eventos, la adición de la cantidad de obra, se debe a una mala proyección o cálculo desde el inicio de la cantidad de obra necesaria para cumplir el contrato:

> "En casos como el que se analiza, como se ha manifestado, no resulta legalmente procedente la celebración de un "contrato adicional", pues en verdad no existe variación o modificación o "adición" al alcance físico de la obra contratada. En efecto, lo que ocurre en estos casos es que simplemente, por una deficiente estimación de las cantidades de obra requeridas para ejecutar el objeto contractual (alcance físico de la obra) descrito en el mismo contrato, el presupuesto calculado para su ejecución resulta insuficiente y, por lo mismo, se hace necesario disponer de un mayor presupuesto para pagar el valor total y real de su ejecución.
>
> Así, como se ha expuesto, bien es sabido que en los contratos en donde se conviene la remuneración por el sistema de precios unitarios, lo que se acuerda por las partes es "el precio por unidades o cantidades de obra y su valor total es la suma de los productos que resulten de multiplicar las cantidades de obras ejecutadas por el precio de cada una de ellas, dentro de los límites que el mismo convenio fije", de manera

tal que el valor total del contrato no es determinado sino determinable tal como lo ha sostenido la jurisprudencia del Consejo de Estado, Sección Tercera, bajo el supuesto, igualmente, de que el contrato de obra pública es un contrato de resultados y no de medios. El valor del contrato que se señala en su texto, es apenas estimativo del costo total, pero deberá ser cambiado a medida que se establezcan las reales cantidades de obra ejecutadas en cumplimiento del objeto contractual"[50].

Como puede observarse, es posible adicionar cantidades de obras sin necesidad de modificar los contratos, y ello se hace mucho más complicado, si la administración al ver que la obra no ha culminado se enfrenta a problemas técnicos y atrasos en las obras que fundamentan una adición de obras para culminar los respectivos contratos.

Por otro lado, es posible adicionar un contrato cuando sea necesario subsanar errores en los diseños y en las obras que se evidencian en el inicio de la obra o durante la ejecución:

"(...) para el sentenciador resulta incuestionable que la mayor cantidad de obras y las obras adicionales a que se ha hecho referencia, indispensables en el desarrollo del contrato, fueron ordenadas por la administración en ejercicio del ius variandi que ella tiene como poder, y al cual no pudo el contratista, resistir. Si en el caso en

---

[50] Consejo de Estado. Concepto en consulta 1121 de fecha 26 de agosto de 1998.

comento y como lo dice el vicepresidente de telecomunicaciones rurales de la empresa, las obras adicionales fueron indispensables para la construcción de los edificios de esas localidades, ¿qué sentido tenía ordenar las cosas mal para que quedaran definitivamente mal? Estas situaciones son las que llevan al profesor Eduardo García de Enterría a señalar:

"Límites en este sentido no existen ni pueden existir, porque las exigencias del interés público, el servicio a la comunidad, no pueden quedar comprometidos por el error inicial de la administración contratante o por un cambio en las circunstancias originariamente tenidas encuenta en el momento de contratar. El interés general debe prevalecer en todo caso y en cualesquiera circunstancias, porque, de otro modo, sería la propia comunidad la que habría de padecer las consecuencias. Obligar a la comunidad a soportar una carretera, un puerto o un embalse mal planteado ab initio, inútiles o ineficaces desde su misma concepción, por un simple respeto al contratus lex no tendria sentido al servicio del interés público y de sus concretas e insoslayables exigencias, el ius variandi de la administración contratante es ilimitado en extensión o intensidad ya que el interés público prima sobre cualquier otra consideración" (Curso de Derecho Administrativo, Tomo I, Cuarta Edición, Cívitas, pág. 675)".[51]

---

[51] CONSEJO DE ESTADO. sentencia de la sección tercera, proferida el 6 de septiembre de 1995, Expediente 7625.

Así las cosas está dada la necesidad jurídica para adicionar mayores obras y la adición de objetos contractuales necesarios, cuando existe un mal cálculo de la cantidad de obra o mala planificación en los diseños, además se justifica y se soporta las adiciones como un deber tanto de la administración como del contratista para cumplir con los cometidos y fines del Estado:

> "(5) "ART. 3º¿De los fines de la contratación estatal. Los servidores públicos tendrán en consideración que al celebrar contratos y con la ejecución de los mismos, las entidades buscan el cumplimiento de los fines estatales, la continua y eficiente prestación de los servicios públicos y la efectividad de los derechos e intereses de los administrados que colaboran con ella en la consecución de dichos fines. Los particulares por su parte, tendrán en cuenta al celebrar y ejecutar contratos con las entidades estatales que, además de la obtención de utilidades cuya protección garantiza el Estado, colaboran con ellas en el logro de sus fines y cumplen una función social que, como tal, implica obligaciones" (negrilla fuera de texto)."[52]

Sin embargo, ante esta puerta abierta para las adiciones de las obras y las adiciones a los contratos si se han establecido límites, pero muy poco efectivos:

---

[52] CONSEJO DE ESTADO. sala de consulta y servicio civil. contrato estatal de obra aumento del valor final que no implica adición. Concepto 1439 de julio 18 de 2002. Consejera Ponente: Dra. Susana Montes de Echeverri.

"No sobra advertir, en todo caso, que la administración tiene un deber de verificación de la calidad e idoneidad de los trabajos efectuados por los consultores y diseñadores, el cual debe realizarse a través de las interventorías efectuadas sobre los contratos respectivos y que, por lo mismo, no deberían presentarse este tipo de situaciones salvo que, por razones del servicio, se haga indispensable la introducción de modificaciones al diseño original.

Por ello, resulta necesario llamar la atención muy especialmente sobre la forma de elaboración y definición de los pliegos de condiciones o términos de referencia que dan lugar a la celebración de los contratos de consultoría, bien de estudios de factibilidad o bien de diseño de los proyectos respectivos, pues de ellos se deriva el alcance de las obligaciones de los contratistas consultores y, por ende, de su propia responsabilidad en el resultado y calidad de los estudios que, a su vez, son la base para la contratación de la ejecución o construcción de tales proyectos."[53]

El problema con todo ello, es que los controles ceden, se manipulan o se trasgreden para efecto de ocultar sobrecostos o los llamados "costos transaccionales, comisiones, sobornos, coimas o la popular mermelada". Si se mira el caso del carrusel de la contratación de la 26, luego del desembolso del anticipo, los Nule tuvieron que dar comisiones por valores

---
[53] Ibíd.

superiores al 20% del giro del anticipo, y ello repercutió, en la ejecución de las obras que mostraban un atraso considerable por falta de recursos. La solución que los Nule querían proponer al ex alcalde Moreno, era una adición al contrato y seguir adelante con el acuerdo, pues ellos, ya había pagado su parte.

En el caso de REFICAR, la obra duró 15 años, se adicionaron más de 2600 contratos y los sobrecostos se calculan por más de 4 mil millones de pesos. En el caso del puente de la 93 en Bogotá, el costo se elevó al doble del inicialmente presupuestado. El túnel de la línea también es otra macro-obra que ha tenido adiciones y prórrogas, y aún está sin terminar.

Desde el punto de vista penal una adición de obra o adición de un contrato sin necesidad, muchas veces oculta la obligación de la selección objetiva, pues se adicionan obras de un contrato para evadir la obligación de abrir una licitación. Con el propósito de continuar la relación contractual con un contratista afín con la administración, se adicionan obras a un mismo contrato y se evita el proceso licitatorio, y ello, configura el delito de celebración indebida de contrato por falta de requisitos esenciales.

Igualmente, si la adición del contrato busca adicionar la cantidad de obra sin justificación también configura el delito de celebración indebida de contrato por falta de requisitos esenciales, cuando la adición no tiene en cuenta los límites que son los pliegos de condiciones o términos de referencia, los estudios de factibilidad y diseño de los proyectos respectivos.

Sin duda, la aplicación de estos límites depende de la administración, y especialmente, la interventoría de cada contrato, y ellos, junto con los contratistas son los principalmente comprometidos en la comisión del delito de celebración indebida de contratos por falta de requisitos legales, pues sin la participación de todos en conjunto, con división de trabajo, no se podría realizar ni una adición de obra ilegal, ni una adición de contrato sin requisitos legales.

7. LA RESPONSABILIDAD PENAL EN LA ETAPA PRECONTRACTUAL DE LOS CONTRATOS ESTATALES: LA FALTA DE DISEÑOS Y ESTUDIOS PREVIOS.

Uno de los grandes problemas de corrupción en los contratos estatales es la etapa precontractual de los contratos estatales. El principio de planeación hace referencia a todas "las actividades que deben realizar las entidades del estado antes de adelantar un proceso de contratación encaminadas a determinar, de forma precisa, la necesidad pública que se pretende satisfacer, el objeto a contratar y los recursos con cargo a los cuales ejecutará el contrato, todo lo cual tiene como fin último satisfacer el interés general, haciendo uso de los recursos públicos de manera eficiente y eficaz."[54]

Estas actividades son por ejemplo, "la apropiación de los recursos necesarios para el pago de las obligaciones derivadas de un contrato estatal, la elaboración de estudios previos con la finalidad de determinar con precisión la necesidad pública a satisfacer y el objeto a contratar, la elaboración de estudios y diseños que permitan establecer la viabilidad del proyecto a contratar, así como la elaboración de pliegos de condiciones

---

[54] AMAYA, Laura. La violación al principio de la planeación en la contratación estatal. El cambio jurisprudencial y los efectos adversos que se Desprenden de la nueva postura. Revista Nova et vetera. En la siguiente página web: http://www.urosario.edu.co/revista-nova-et-vetera/Vol-2-Ed-16/Omnia/La-violacion-al-principio-de-la-planeacion-en-la-c/, consultada el 22 de Agosto de 2017.

que contengan reglas claras y objetivas tendientes a lograr la selección de la oferta más favorable para la administración, entre otras."[55]

La responsabilidad administrativa de los funcionarios públicos se configura desde el campo precontractual, desde el artículo 26 de la Ley 80 de 1993, que dispone en su numeral 3:

> "Las entidades y los servidores públicos, responderán cuando hubieren abierto licitaciones o concursos sin haber elaborado previamente los correspondientes pliegos de condiciones, términos de referencia, diseños, estudios, planos y evaluaciones que fueren necesarios, o cuando los pliegos de condiciones o términos de referencia hayan sido elaborados en forma incompleta, ambigua o confusa que conduzcan a interpretaciones o decisiones de carácter subjetivo por parte de aquellos."

De acuerdo con lo regulado por el principio de planeación y de responsabilidad en la contratación Estatal, cualquier tipo de contrato que carezca de los estudios técnicos, diseños, estudios de factividad, de necesidad, configuraría el delito de celebración indebida de contratos por falta de requisitos esenciales contenido en el artículo 410 del Código Penal.

Ahora bien, surge una nueva interrogante y es, si aún teniendo los planos, diseños y estudios de la obra que se va a

---

[55] Ibíd.

ejecutar, qué pasa si esos diseños no son suficientes, no están completos o son inadecuados para ejecutar la obra. El tema es crucial, pues si los diseños y estudios previos de la obra, impiden iniciar la labor, el contrato queda en el limbo, pues el contratista no puede iniciar la obra, y por tanto, no habría acta de inicio, ni pago de anticipo, y por lo tanto, se configura un incumplimiento contractual imputable al Estado, quien es el encargado de realizar los estudios y diseños; o en su defecto, puede que se suscriba un acta de inicio y se desembolse el anticipo, pero la obra no se podrá ejecutar hasta tanto no se completen los diseños y los estudios, obligación, que si no hace parte del contrato, generaría incumplimiento por parte del Estado, o se produciría un sobre costo para el contratista si decide asumir dicha obligación, y nuevamente un detrimento patrimonial para el Estado, pues el contratista lo haría exigible como un desequilibrio en la ecuación contractual, dejando constancia en el acta de liquidación, o alegándolo en una demanda de resolución de controversias contractuales.

Los diseños y estudios previos forman parte esencial de una obra tanto desde el punto de vista legal como ya lo explicamos, como desde el punto de vista técnico, por lo tanto, es posible argumentar una responsabilidad similar a los funcionarios, en los eventos en los que no existen planos ni diseños ni estudios, con los eventos en los que los diseños, planos y estudios sí fueron realizados, pero son absolutamente inapropiados, están incompletos o no respetan las mínimas normas técnicas, pues su resultado es el mismo, no se puede iniciar la obra. Si bien, desde el punto de vista legal, el hecho de que exista un plano o diseño previo cumple con el requisito formal, desde el punto de vista técnico la obra no se puede ejecutar y tendrá las mismas consecuencias desfavorables para la administración y para los fines del Estado:

a) Imposibilidad de iniciar la obra.

b) Factibilidad de adelantar una obra con fallas técnicas como ocurrió en el caso de las losas de trasmilenio de Bogotá, donde no se respetó las especificaciones técnicas respeto del grosor de la capa de protección para el drenaje.

c) Factibilidad de no terminación de la obra, por imposibilidad técnica de cumplir el objeto contratado.

d) Retraso de la obra, como ocurrió en el puente de la 93 de Bogotá, porque se tienen que volver a rediseñar los planos, cuando no se tienen en cuenta la infraestructura en servicios públicos como el alcantarillado.

e) Sobrecostos por adición de obras, y demandas por sobrecostos por parte del contratista.

El Consejo de Estado en Sección Tercera, en sentencia del 24 de Abril de 2013 sobre el particular, planeó una tesis sobre la nulidad del contrato por objeto ilícito, cuando no se tengan los estudios y los diseños completos planteando:

• Que, a partir de lo dispuesto en el inciso 2º del artículo 3º de la Ley 80 de 1993, comoquiera que los particulares contratistas del estado son colaboradores de la administración, se desprende que ellos también tienen deberes en el cumplimiento del principio de la planeación lo cual implica para el particular, no solo poner de presente a la entidad contratante las deficiencias en el cumplimiento de las normas sobre planeación sino, además, abstenerse de celebrar contratos en los cuales existan fallas en su planeación.

- Que, en razón a lo anterior, no podrá el contratista pretender el reconocimiento y pago de derechos económicos surgidos con ocasión de un contrato estatal celebrado y ejecutado con violación al principio de la planeación, por cuanto ello sería una "apropiación indebida de los recursos públicos".

- Que, el contrato celebrado con desconocimiento del principio de la planeación adolece de objeto ilícito, por cuanto se celebró en contravía a lo dispuesto por normas imperativas que ordenan que los contratos estatales deben ser adecuadamente planeados para la satisfacción del interés general (lo anterior se soporta en lo previsto en el artículo 1519 y 1741 del código civil, así como en las causales contenidas en los numerales 2° y 3° del artículo 44 de la ley 80 de 1993).

Sin embargo, dicha tesis fue anulada en una sentencia de tutela fallada por otra Sección del Consejo de Estado que planteó todo lo contrario, según explica la Dra. Laura Amaya en el artículo antes citado:

"La Sección cuarta del Consejo de Estado determinó que una cosa es la etapa previa del contrato, la cual por supuesto incluye la de planeación, y otra distinta es el momento de la celebración del Contrato. En ese sentido, la falta de planeación no necesariamente conlleva la nulidad del contrato con fundamento en la causal de "objeto ilícito" pues, en definitiva, la "violación al principio de la planeación" o "falta de planeación" corresponde a una omisión ocurrida en la etapa previa del contrato, es decir, durante el periodo de las "tratativas negociales" o periodo formativo del negocio jurídico, lo cual de suyo no genera la nulidad absoluta del contrato por sí sola como causal autónoma, y tampoco encaja en la causal de nulidad "por objeto ilícito" derivada del incumplimiento de normas imperativas que imponen que los contratos estatales deben estar debidamente planeados; por el contrario, esa conducta omisiva corresponde a un claro incumplimiento contractual que compromete la responsabilidad de la parte del contrato que tenía a su cargo la realización de la conducta omitida que, en tratándose de la planeación del negocio, se encuentra en cabeza de la entidad pública contratante, conforme se desprende de las numerosas disposiciones normativas que así se lo imponen."[56]

El debate que se ha dado por las dos sentencias del Alto Tribunal Contencioso, es si se debe vincular o no al contratista con la obligación de terminar los diseños o corregirlos para evitar los inconvenientes que se han venido presentando en los contratos de obras públicas, donde no se pueden iniciar las labores porque los diseños no son adecuados o no están completos.

---

[56] AMAYA, Laura. Ob. Cit. Y en Consejo de Estado, Sala de lo Contencioso Administrativo, Sección Tercera, Sentencia de fecha 21 de agosto de 2014, expediente No. 11001031500020130191900, C.P. Hugo Fernando Bastidas Bárcenas.

Desde el punto de vista penal el problema de la falta de diseños no encuentra ningún inconveniente, porque se configura de inmediato el delito de celebración indebida de contratos por falta de requisitos legales esenciales.

Pero cuando los diseños son inadecuados, insuficientes o incompletos, la valoración es más compleja, porque el requisito legal se surte, pero tiene las mismas consecuencias prácticas que si no existieran. La práctica de pagar altas sumas en diseños y estudios previos, que no terminan siendo adecuados y suficientes, no solo le genera un detrimento patrimonial al Estado, sino que acuna una cantidad de prácticas perversas y corruptas, como las siguientes:

1) La sola elaboración de los diseños y planos implica un rubro bien elevado, como ocurrió con el diseño del metro de Bogotá, en la administración del ex Alcalde Gustavo Petro, que se entregaron unos diseños para un metro subterráneo y luego en la administración siguiente de Enrique Peñaloza se cambiaron los diseños para construir un metro elevado. Cuando la obra no se ejecuta en la misma administración, se ha presentado en muchas ocasiones que se desestiman los diseños ya realizados y pagados por la administración pasada, y se contratan unos nuevos, o sencillamente se modifican totalmente, y pagan los trabajos adicionales. Y a pesar de todos los cambios en los diseños y en los estudios, cuando se adjudica el contrato, y el contratista va a iniciar labores, aún quedan pendientes algunos detalles de diseño. Lo cual genera que se paguen tres veces los diseños en una obra, lo cual en

muchas ocasiones está pre-acordado entre los contratistas y los funcionarios que manejan la contratación.

2) El problema de los diseños también deja el campo abierto para que el contratista y la administración pacten una adición del contrato, se suspendan las obras, se den prórrogas, y se presenten los sobrecostos, que en términos generales es normal en toda obra pública. El problema en términos de corrupción, es que muchas veces, las adiciones de obras están pensadas para incluir sobrecostos, y pagarle a los funcionarios corruptos, que para gestionar la aprobación solicitan más dineros, como ocurrió en el carrusel de la contratación de Bogotá, donde el grupo Nule quería negociar una adición de obra para continuar con el contrato, a pesar de que ya se habían apropiado de todos los recursos del anticipo en sobornos para los hermanos Moreno, para los otros intermediarios, y otra parte del dinero que no invirtieron en las obras y que supuestamente sacaron del país a cuentas en el exterior.

3) La otra situación que se presenta es muy similar a la anterior, y es cuando el contratista gana una licitación en un concurso lícito, pero se da cuenta que los diseños no le sirven para iniciar las obras. Tiene dos caminos, o asumir la corrección de los diseños a su propia costa (opción que por costos no le conviene al contratista), o solicitar una modificación del contrato, y también una adición en el valor. El problema con la segunda opción es que para solicitar la modificación y adición del contrato, los funcionarios corruptos exigen para su aprobación un porcentaje en sobornos, porque de lo contrario no permiten que se inicie la obra. En estos casos, es claro que la situación se presta para el delito de concusión.

Para evitar todas estas situaciones de corrupción, sería necesario que los contratistas que realizan los diseños y estudios técnicos queden obligados a realizar los ajustes y modificaciones adicionales, que se requieran para iniciar la obra, y que los diseños una vez aprobados, no puedan ser sustituidos por otros a menos que el diseño no cumpla con las normas mínimas de calidad y deba ser reemplazado totalmente, en cuyo caso la responsabilidad penal se configuraría en la misma forma, como si nunca se hubiesen presentado.

En los casos en que se presenten los diseños incompletos, o inadecuados es mucho más difícil comprobar la responsabilidad, si no se prueba previamente un concierto para delinquir. No es suficiente probar los valores de las modificaciones, adiciones o correcciones, pues si éstas son técnicamente necesarias, no puede configurarse una conducta dolosa, y la única posibilidad es que se configure un peculado culposo, si se demuestra una negligencia.

8. RIESGOS DE CORRUPCIÓN EN LA CONTRATACIÓN DE FIN DE AÑO.

Uno de los grandes problemas del presupuesto público de un país, es su ejecución dentro del año de su respectiva vigencia. La regla presupuestal en el caso de los entes públicos es que se castiga a las entidades que no ejecutan su presupuesto dentro de la vigencia respectiva, por tanto, la administración pública premia el gasto, y castiga el ahorro de los recursos públicos.

Debido a esta lógica de las finanzas públicas, cuando las entidades estatales tienen inconvenientes para ejecutar su respectivo presupuesto en el transcurso del año lectivo, y si se llega a los tres últimos meses del año, donde los tiempos no alcanzan para estructurar ni abrir licitaciones públicas, comienzan a presentarse todo tipo de irregularidades para tratar de ejecutar lo más que se pueda del presupuesto vigente, antes de que se pierdan los recursos para la respectiva entidad.

La Contraloría de Bogotá por ejemplo, advirtió que el bajo nivel de ejecución del presupuesto de administración del Alcalde Peñaloza, preocupa y es un alto riesgo de corrupción:

"Según los datos entregados a través de un informe, "transcurridos ocho de los 12 meses del año, en promedio solo el 46 % de los recursos han sido comprometidos (destinados a proyectos, iniciativas, etc) cuando en llegamos al 70 % del tiempo de la vigencia fiscal", explicó Juan Carlos Granados, jefe de la entidad.

La lista negativa la encabeza la Secretaría de Hacienda, la cual solo ha ejecutado 26 % del presupuesto asignado para sus funciones, seguida por la Secretaría de Movilidad (34 %) y la Secretaría de Ambiente (35 %). Las entidades que relativamente han comprometido en mayor medida los recursos son: "la Secretaría de Cultura, Recreación y Deporte con 66 %, la de Educación con 70 % y de Integración con 71,1 %", dijo el contralor.

En llamado de atención fue en general para todas las entidades del Distrito, pues a pesar de que el Concejo aprobó un amplio presupuesto para la mayoría de ellas, algunas como el Instituto de Desarrollo Urbano (IDU) solo han invertido 24,6 % del dinero. Otras empresas como TransMilenio también se quedaron cortas (41 %).

Las localidades que se rajaron por la baja distribución de la partida asignada para los Fondos de Desarrollo Local (FDL) son: Teusaquillo (23,3 %), Usaquén (38 %) y Bosa (39 %). Las que superaron por poco la mitad de lo entregado fueron: Kennedy (61 %), Candelaria (66 %) y Engativá (80 %).

"El estudio advierte en que en la medida en que avance el tiempo y no se ejecuten los recursos, la tendencia es ir a los convenios y a la contratación directa, obviando los procesos objetivos de licitación pública. Por eso hacemos el llamado para que la Administración tome los correctivos", alertó Granados."[57]

Por ser el primer año de gobierno del alcalde Peñaloza en Bogotá, es muy posible que la inexperiencia y los problemas de empalme con la anterior administración de Gustavo Petro, generen serios problemas para ejecutar los recursos del presupuesto del año 2016. Pero de seguro que habrá más de un alcalde o Gobernador que se encuentre en las mismas dificultades.

Ahora bien, la falta de ejecución en inversión pública coloca al alcalde Peñaloza en la cuerda floja respecto de su capacidad para la ejecución del plan de su gobierno, lo cual afecta sin

---

[57] BAJA EJECUCIÓN PRESUPUESTAL EN BOGOTÁ, ADVIERTE CONTRALORÍA, en la siguiente página:
http://www.redmasnoticias.com/portal/redmas/noticias/nacional/colombia/detalle/alcaldia-penalosa-bogota-535519/

duda su imagen política. Igualmente la falta de inversión social y pública afecta la convivencia, la infraestructura, el crecimiento y el desarrollo de una ciudad.

Ante semejante presión, los riesgos de corrupción son altos como lo señaló el Contralor de Bogotá, porque comienzan a realizarse contrataciones directas en bloques, a través de muchas fórmulas fraudulentas dirigidas a evadir los procesos de selección objetiva, es decir la licitación pública, la selección abreviada, o los procesos de mínima cuantía.

Las mayores prácticas corruptas de fin de año son:

1) Fraccionamiento de contratos: Una prestación de servicio que supera la cuantía estipulada para la contratación directa, es fraccionada en varios contratos, que les permiten realizar la contratación "a dedo". Se trata del mismo objeto y de la misma prestación, solo que se adjudica directamente a una misma persona o a varias personas varios contratos, con lo cual se evade el principio de selección objetiva.

2) Los convenios interadministrativos: Se acude a la contratación directa con entidades públicas estatales, evadiendo de esta manera, los procesos de selección objetiva con particulares. El límite que tienen los entes públicos para suscribir los contratos interadministrativos, es que la entidad pública con la cual se suscriba, tenga dentro de su objeto

social la actividad para la cual contratan. La figura permite celebrar los convenios interadministrativos con otras entidades públicas, que por regla general terminan subcontratando con otros que escogen "a dedo", la prestación.

3) Emergencias manifiestas falsas: Para contratar directamente, se decretan estados de excepción inexistentes, o innecesarios para justificar procesos de contratación directa, permitiéndole al operador del gasto escoger nuevamente "a dedo", al contratista que va a realizar la obra o labor.

4) También se realizan procesos de contratación sin la debida planificación y estudios de pertinencia, como le ocurrió a la señora Magda Lizzeth Rodríguez López, gerente de la Empresa Social del Estado ESE Hospital Santo Domingo Savio del municipio de El Playón (Santander):

> "A la entonces gerente de la institución hospitalaria se le reprocha haber celebrado, presuntamente, el 2 de marzo de 2012, un contrato de compraventa con el representante legal de La Muela S.A.S., sin la realización de un estudio técnico que le permitiera planear estratégicamente la inversión de los recursos para asegurar el fortalecimiento en la prestación de los servicios de salud, pues ni la ESE pudo recibirlos ni el contratista instalarlos y ponerlos en funcionamiento, ante la carencia de un espacio apto para ello.
>
> El objeto de este proceso contractual consistía en la adquisición de equipos médicos dentro de los cuales se relacionan: un equipo de rayos X digital y una planta

eléctrica de control digital para el Hospital Santo Domingo Savio, por un valor que ascendió a $471.000.000 correspondientes al 35% del valor total del contrato suscrito.

Con este actuar, la investigada podría haber incurrido en falta disciplinaria por contrariar lo dispuesto en el principio de planeación regulado en el Acuerdo número 017 de 2010 en cuyo artículo 7° contempla los principios para la celebración de contratos y establece, entre otros, que para iniciar un proceso contractual se debe contar con los estudios previos, de conveniencia, oportunidad y especificaciones técnicas que permitan planear la inversión de los recursos asegurando su objeto y finalidad.

En esta etapa del proceso el ente de control calificó la falta de la señora Rodríguez López como gravísima cometida a título de culpa gravísima por la desatención elemental de velar por la utilización de los recursos financieros afectos al hospital, pues resultaba lógico que para recibir y poner en funcionamiento los equipos médicos comprados se requerían unas condiciones de infraestructura idóneas..."[58]

---

[58] Ver: Procuraduría formuló cargos a gerente de ESE por suscribir, presuntamente, contrato de compraventa sin la realización de estudios técnicos. By: System Administrator on domingo, octubre: 9http://www.contratacionenlinea.co/index.php?action=view&id=2570 &module=newsmodule&src=%40random50ff48e1e3fd3

5) En el mismo orden, se realizan contratos sin mediar estudios de conveniencia y viabilidad, solo por el mero fin de ejecutar lo que queda del presupuesto del fin de año. Por la premura de celebrar los contratos, se terminan realizando obras innecesarias o absurdas, como la repavimentación de una calle en perfecto estado.

6) También se presentan las adiciones a los precios de los contratos para evitar abrir nuevos procesos licitatorios, que incluso algunos por torpeza, se exceden de los topes del 50%. Es a través de las adiciones de los precios de los contratos donde se formulan los sobrecostos en la obra o trabajo.

7) También por esta época se presentan los contratos fantasmas, es decir, los contratos de prestación de servicios que nunca se prestan; los de los contratistas que cobran pero que no trabajan; los contratos suministros que nunca llegan, las compras con facturas, pero sin mercancías, como en efecto ocurrió por muchos años en la Guajira[59], y a cualquier época del año.

---

[59] "La corrupción en La Guajira es sistémica": Fiscal General.
By: System Administrator on jueves, octubre 20
"Imputadas cuarenta y una (41) personas, de estas 20 fueron capturadas y once (11) más serán acusadas.
En desarrollo del plan "Bolsillos de Cristal" impulsado por la Fiscalía General de la Nación para enfrentar la corrupción, se han logrado los primeros resultados de la intervención integral en el departamento de La Guajira, donde resultan comprometidos funcionarios públicos, contratistas y particulares.
El trabajo desarrollado por fiscales de direcciones nacionales y seccionales durante cerca de dos (2) meses, permitió descubrir irregularidades en procesos de contratación de programas sensibles para la comunidad, en diversas áreas: educación, acueductos, salud, atención a la primera infancia y diferentes obras civiles.
I. Labor preventiva:
1. En desarrollo de sus labores de investigación, la Fiscalía efectuó una auditoría integral sobre las cuentas bancarias del departamento, a partir del balance certificado a 31 de diciembre de 2015. Allí se advirtió en la cuenta de

~~8) También llegan los contratos para las fiestas de fin de año~~
bancos una partida que correspondería a un establecimiento denominado "ajustes tesorales", cuya valoración judicial concluyó con la identificación de cuentas bancarias y partidas a favor del departamento, no registradas en sus estados financieros, que dan lugar a compulsa de copias ante la Contraloría, debido a la inexistencia de ilícitos penales.

2. Se obtuvo que la alcaldía de Riohacha y el contratista del Programa de Alimentación Escolar (PAE) regularizaran la entrega de todas las raciones contratadas a favor de los estudiantes. Cuando comenzó la investigación se estableció que los alumnos de las instituciones públicas de jornada única no recibían los alimentos convenidos, situación que se normalizó, a través de otrosí de fecha 19 de septiembre de 2016. La Fiscalía seguirá valorando el desarrollo de este contrato.

3. Durante el proceso investigativo en el departamento de La Guajira la Fiscalía fue informada de un posible detrimento patrimonial con la realización de convenios interadministrativos entre la gobernación y alcaldes de quince (15) municipios, suscritos entre los meses de marzo a junio de 2016.

Se evidenció que los recursos por cerca de veinte mil trescientos cuarenta y siete millones cuatrocientos noventa y tres mil cuarenta y seis pesos ($20.347.493.046), fueron girados con diversos objetos contractuales.

La Fiscalía realizó investigaciones en los municipios y estableció que los dineros aún estaban en las cuentas aperturadas por las administraciones. Sobre la ejecución de estos convenios se ejercerá una labor de seguimiento.

II. Resultados

Los primeros resultados de las diferentes investigaciones que se adelantan en La Guajira, permitieron descubrir una serie de irregularidades en el manejo de los recursos del departamento por los cuales se ha dispuesto la imputación de cargos a cuarenta y una (41) personas y se avanza en la acusación de otras once (11).

1. ICBF

En este caso la Fiscalía investiga dos contratos por más de 3 mil 421 millones de pesos ($3.421.000.000), destinados para la atención integral de 1.400 niños de 0 a 5 años y madres gestantes o lactantes, como resultado de lo cual se habría establecido un peculado del orden de mil cuatrocientos noventa y cinco millones de pesos ($1.495.000.000), que equivalen a casi la mitad de los recursos de los dos convenios.

Se encontró que con facturas falsas cobraron de manera irregular más de quinientos millones de pesos ($500.000.000). Además, realizaron cobros de arrendamiento que superan el doble del valor real y se efectuó pagos a celadores que no prestaron el servicio u obtenían ingresos menores a los reportados.

Para desarrollar este proyecto el ICBF regional La Guajira contrató con la Asociación ASOMILENIO.

La Fiscalía solicitó audiencia de imputación de cargos y medida de aseguramiento

~~de todas las entidades, donde los sobrecostos son evidentes,~~ en contra de catorce (14) personas, como posibles responsables de los delitos de peculado por apropiación, falsedad en documento público, falsedad en documento privado y concierto para delinquir. A la fecha se han capturado doce (12) personas.

Entre ellas se encuentran el representante legal, el gerente y trabajadores de la fundación, así como funcionarios del ICBF y proveedores.

2. PLAN AGUAS:

La Fiscalía indaga sobre el Plan de Aguas de La Guajira, que incluye los acueductos de Camarones, Manaure y Uribia; Pondores; Dibulla y los acueductos veredales de San Pedro.

Como resultado de la priorización se ha concluido la investigación del denominado Acueducto Camarones.

En este caso la Dirección de Fiscalía Nacional Especializada contra la Corrupción dispuso la imputación de cargos a once (11) personas, entre quienes se encuentran el entonces alcalde de Riohacha, Rafael Ricardo Ceballos Sierra y el representante del consorcio Aguas para un Pueblo, Yusif Habib Mustafá, como posibles responsables de los delitos de contrato sin cumplimiento de requisitos legales y peculado por apropiación.

La Fiscalía detectó una serie de presuntas irregularidades en la construcción y puesta en marcha del Sistema Integral de Alcantarillado y Acueducto del corregimiento de Camarones (Riohacha), por un valor de doce mil ciento dos millones novecientos noventa mil quinientos sesenta y cuatro pesos ($12.102.998.043).

Dentro de la investigación se evidenció que la inversión efectuada por la alcaldía no correspondía con las obras construidas y que el contratista subcontrató el total de la obra con terceros.

Aunque la obra fue terminada, a la fecha no se encuentra en funcionamiento, el agua no es apta para el consumo humano y al parecer se presentaron sobrecostos.

3. LOS CONVENIOS DEL MUNICIPIO DE ALBANIA

En este municipio la Fiscalía General de la Nación encontró serias irregularidades en el programa que se ejecutó en marzo y junio de 2011, con el propósito de "reducir la mortalidad infantil", a través de los convenios 008 y 041.

Estas inconsistencias se habrían presentado en una serie de convenios interadministrativos por un monto de dieciocho mil novecientos noventa millones de pesos ($18.990.000.000) en los que intervinieron la alcaldía del municipio de Albania, la Secretaría de Salud municipal y el hospital San Rafael de esta localidad.

Según las investigaciones, dentro de ese proceso contractual se desconocieron los principios de planeación, transparencia, economía y selección objetiva; y sin haber realizado estudios previos técnicos y financieros que justificaran la necesidad específica de la contratación.

Entre las irregularidades detectadas está la contratación de 1.450 personas sin

pero con lo que sobra del presupuesto se cubren con mucho requisitos mínimos. La presunta apropiación de 6.591 millones de pesos a través de sumas no canceladas a contratistas, inejecución de contratos, doble contratación en el programa de salud mental y diferencia de valores entre lo contratado y lo pagado a subcontratistas.

En este proceso la Fiscalía adelantará acusación contra once (11) personas y continúa las indagaciones respecto de otras.

4. MEGACOLEGIOS (EDUCACIÓN):

En el año 2009 se contrató la construcción de cuarenta y dos (42) megacolegios por un valor de ciento cuarenta y nueve mil millones de pesos. ($149.000.000.000).

En este caso la Fiscalía encontró sobrecostos y facturación falsa en los anticipos que generaron un detrimento al departamento por cerca de veinte mil millones de pesos ($22.000.000.000).

Por estos hechos el ente acusador obtuvo nueve (9) órdenes de captura (4 fueron materializadas y se hizo la respectiva imputación), y ha dispuesto la imputación a otras cinco (5) como posibles responsables de los delitos de peculado por apropiación y contrato sin el cumplimiento de requisitos legales; uno de ellos el exgobernador de La Guajira, Jorge Luis Pérez Bernier (2008-2012).

5. SALUD

La Fiscalía investiga la forma como a través de la IPS Mareigua y la clínica odontológica de Maicao, en los últimos dos años, habrían cobrado de manera ilegal recursos de la salud, mediante la modalidad de traslados inconsultos de afiliados indígenas a otras IPS, creando doble afiliación, lo que permite que la IPS beneficiaria obtenga pagos indebidos provenientes del FOSYGA.

En una primera fase de la investigación la Fiscalía obtuvo 4 órdenes de captura, ha hecho efectivas dos de ellas y procedió con la imputación, Asimismo, ha dispuesto la formulación de cargos en contra de siete (7) personas por los delitos de peculado, fraude procesal y falsedad en documento público.

6. JUSTICIA

La Fiscalía capturó dos (2) de sus funcionarios: una fiscal y un técnico investigador del CTI, luego de reunir elementos probatorios suficientes que los comprometen en los delitos de concusión y falsedad ideológica en documento público.

Los hechos sucedieron en el municipio de Maicao y corresponden a conductas relacionadas con la exigencia de dinero para no adelantar trámites o denuncias propias de sus funciones.

7. CONTINUIDAD DE LAS INVESTIGACIONES

Al dar a conocer los primeros resultados en el día de hoy de las investigaciones en curso en el departamento de La Guajira, el Fiscal General de la Nación manifestó que "las primeras averiguaciones comprometen la responsabilidad de dirigentes públicos, empresarios, miembros de la comunidad Wayúu e inclusive funcionarios judiciales", lo que pone de presente que la corrupción en este departamento "ha alcanzado un carácter sistémico, que obliga a las autoridades y a la propia ciudadanía a desarrollar las acciones necesarias para que La Guajira no termine disimulo en las celebraciones. Igualmente, debe incluirse el presupuesto para la decoración de navidad y las luces navideñas, donde sin duda cualquier árbol puede costar 20 millones, o un cohete puede costar 12 millones de pesos.

En fin, hay que compadecerse de los contadores y tesoreros de las entidades públicas que trabajan hasta finalizar el año, pues tienen muchos recursos que girar antes del 31 de diciembre, eso sí, todo tiene soportes, pero ninguno verificable en tan pocos días. Y lo peor de todo, cualquier problema que se presente, ya le quedó pendiente para el próximo año, así que el sentido de responsabilidad disminuye, pero sin duda girar recursos en un fin de año en una entidad pública es como un tiro al aire.

---

siendo un caso de un departamento fallido".
Martínez explicó que en el curso de la presente semana se formularán nuevas imputaciones y que las investigaciones sectoriales continuarán. Los resultados de las mismas se conocerán oportunamente.
III: "Bolsillos de Cristal" llegará a Arauca y Sucre
El Fiscal Martínez manifestó que el programa de intervenciones judiciales contra la corrupción continuará en otras regiones del país e impartió instrucciones para que el programa "BOLSILLOS DE CRISTAL" se traslade en los próximos días a los departamentos de Sucre y Arauca".
Fuente: Fiscalía General de la Nación.
FISCALÍA GENERAL DE LA NACIÓN, "La corrupción en La Guajira es sistémica":
Fiscal General en la siguiente página web:
http://www.fiscalia.gov.co/colombia/noticias/destacada/imputadas-cuarenta-y-una-41-personas-de-estas-20-fueron-capturadas-once-11-mas-seran-acusadas/

9. LA RESPONSABILIDAD PENAL AL INTERIOR DE LOS CONSORCIOS Y LAS UNIONES TEMPORALES POR EL DELITO DE PECULADO.

Uno de los temas que no se han tratado todavía, por lo menos de manera expresa en el derecho penal, es la responsabilidad de los miembros de los consorcios y las uniones temporales, que son figuras creadas por la Ley 80 de 1993 sin personería jurídica, pero con capacidad para contratar. Precisamente, el artículo 7 de la mencionada Ley, trae la definición de cada una de estas figuras de la siguiente manera:

> "1. Consorcio: cuando dos o más personas en forma conjunta presentan una misma propuesta para la adjudicación, celebración y ejecución de un contrato, respondiendo solidariamente de todas y cada una de las obligaciones derivadas de la propuesta y del contrato. En consecuencia, las actuaciones, hechos y omisiones que se presenten en desarrollo de la propuesta y del contrato, afectarán a todos los miembros que lo conforman."

De conformidad con la norma, un consorcio es una especie de contrato que vincula a varias personas naturales o jurídicas en la ejecución de un contrato estatal. En el derecho privado, se entendería como un contrato de cooperación entre varias personas para ejecutar una empresa común (Join venture), sin que con ello se cree una persona jurídica diferente, y según las reglas del derecho comercial, inicialmente solo sería oponible entre las partes, y no frente a terceros, pues estos acuerdos pueden quedar en secreto. A diferencia del derecho privado, en el derecho público los acuerdos comerciales entre varias personas deben ser públicos desde la presentación de una propuesta en cualquier tipo de modalidad de selección objetiva (licitación o selección abreviada, especialmente), donde varias empresas expresan su voluntad de cooperar para ejecutar un contrato estatal en el caso en que éste le sea adjudicado. La consecuencia necesaria de esta figura según la Ley es que la responsabilidad por hechos u omisiones que causen perjuicios a terceros, generarán una responsabilidad solidaria, es decir, todos responderán por la totalidad de la obligación, sin perjuicio del derecho de repetir en contra los demás miembros del consorcio, luego de responder.

La figura de la unión temporal, es muy similar al consorcio como se puede ver a continuación:

> "2. Unión Temporal: cuando dos o más personas en forma conjunta presentan una misma propuesta para la adjudicación, celebración y ejecución de un contrato, respondiendo solidariamente por el cumplimiento total de la propuesta y del objeto contratado, pero las sanciones por el incumplimiento de las obligaciones derivadas de la propuesta y del contrato se impondrán de acuerdo con la participación en la ejecución de cada uno de los miembros de la unión temporal."

A diferencia del consorcio, la unión temporal no genera solidaridad en las sanciones por el incumplimiento de las obligaciones, al parecer el Legislador quiso favorecer a los integrantes de una unión temporal, permitiéndole que las multas puedan ser dirigidas al integrante que incumple, pero no podríamos hablar de una declaración de caducidad fraccionada o de excluir la solidaridad de la responsabilidad, en los eventos donde la Ley en otras ramas del derecho ha establecido ya la figura de la solidaridad, como por ejemplo en la responsabilidad extracontractual por un accidente de tránsito.

En el parágrafo primero del mismo artículo 7 estudiado, se establece la obligación del grupo de personas integrantes de un consorcio o de una unión temporal, de informar al ente contratante cual va a ser la figura jurídica elegida, y deberán señalar los términos y extensión de la participación en la propuesta y en la ejecución, términos que podrán modificar en el transcurso de la ejecución del contrato sin el consentimiento previo del ente contratante[60].

Nótese que hasta el momento y como es obvio, la Ley solo se preocupa por establecer las consecuencias y responsabilidades desde el punto de vista administrativo y civil, pero nada menciona sobre la responsabilidad penal que a todas luces repele una responsabilidad solidaria, por el principio de culpabilidad que prohíbe la responsabilidad objetiva, la responsabilidad colectiva y la responsabilidad solidaria en relación con la pena. Como es bien sabido, en la responsabilidad disciplinaria y en la responsabilidad penal, se exige que la responsabilidad sea individual, por lo que en estas ramas del derecho solo se responde por la comisión de conducta tipificada en la ley, de acuerdo con el grado de antijuridicidad y de acuerdo con el grado de culpabilidad del autor de la misma. Por tal motivo, ninguna persona podría responder por el hecho de un tercero.

---

[60] Parágrafo 1º.- Los proponentes indicarán si su participación es a título de consorcio o unión temporal y, en este último caso, señalarán los términos y extensión de la participación en la propuesta y en su ejecución, los cuales no podrán ser modificados sin el consentimiento previo de la entidad estatal contratante.

Ahora bien, de acuerdo con estos presupuestos, surge un interrogante y es qué ocurre, si en la ejecución de un contrato adjudicado a un consorcio o una unión temporal se comete un delito de peculado. El problema surge en primera instancia, porque los consorcios y las uniones temporales se encuentran conformados por personas jurídicas principalmente, que de acuerdo con un contrato de cooperación, interactúan con el objeto de ejecutar un contrato con el Estado. Estás personas jurídicas que participan en los consorcios o las uniones temporales, siguen manteniendo su estructura organizacional y su funcionamiento estatutario, solo que deberán prestar sus servicios de conformidad con el acuerdo de cooperación para ejecutar el contrato estatal. Por último, estas personas jurídicas se encuentran a su vez conformadas por personas naturales que actúan en su representación y llevan a cabo todo tipo de actividades.

En esa macro estructura diseñada, si por ejemplo, una persona decide apropiarse de algún recurso público en la ejecución de un contrato estatal, las dificultades para desentrañar al responsable desde el punto de vista penal son considerables, porque en Colombia no es posible procesar penalmente a las personas jurídicas, y tampoco se puede procesar a todos los representantes legales, los miembros de los consejos directivos o los empleados de las empresas, porque como se mencionó anteriormente, en el derecho penal se encuentra prohibida la responsabilidad objetiva, la responsabilidad colectiva y la responsabilidad solidaria respecto de la pena.

Esta dificultad es una de las principales razones por las que se presente la impunidad en los casos de corrupción en la contratación estatal, porque para un caso de responsabilidad penal, no se debe pensar en que los contratistas son personas naturales, como ocurrió en el caso de los Nule con el carrusel de la contratación de la ciudad de Bogotá. Era realmente antitécnico considerar a los Nule como contratistas, porque ellos eran los socios y representantes de algunas sociedades que se presentaron a una licitación pública como una unión temporal.

De acuerdo con los esquemas que se plantean en los consorcios y en las uniones temporales, la responsabilidad penal debe decantarse por todas las personas naturales que integran a las personas jurídicas que los conforman, sin ignorar el hecho de que el artículo 7 de la Ley 80 de 1993, establece que es obligación de los consorcios y las uniones temporales, "designar la persona que, para todos los efectos, representará al consorcio o unión temporal y señalarán las reglas básicas que regulen las relaciones entre ellos y su responsabilidad." Así las cosas, existirá una persona designada a través de una poder general que representará a todas las empresas que conformen el consorcio o la unión temporal, y al que inicialmente se le tendrá que aplicar la figura del actuar por otro, establecida en el artículo 29 del Código Penal:

> "También es autor quien actúa como miembro u órgano de representación autorizado o de hecho de una persona jurídica, de un ente colectivo sin tal atributo, o de una persona natural cuya representación voluntaria se detente, y realiza la conducta punible, aunque los elementos especiales que fundamentan la penalidad de la figura punible respectiva no concurran en él, pero sí en la persona o ente colectivo representado."

Así las cosas, será el designado por los consorcios o las uniones temporales, la persona natural que sea la primera en ser llamada a responder por algún delito cometido, al transferirse la calidad de contratista del consorcio o de la unión temporal -ente colectivo sin personería jurídica-, conformado por otras personas jurídicas, pudiendo responder por delitos como la celebración indebida de contratos por falta de requisitos esenciales o por el delito de peculado cuando se le transfiera la calidad de servidor público. Igualmente, por esta vía se podría imputar el delito de administración desleal[61], cuando los recursos apropiados, no sean de origen público, sino que procedan de alguna de las sociedades que conformen el consorcio, por ostentar la calidad de administrador de derecho derivada de un mandato.

Siguiendo con la exposición, cuando quién se apropia de los recursos públicos termina siendo algún funcionario de alguna sociedad que conforme el consorcio o la unión temporal, este funcionario deberá ser representante de hecho o de derecho para que se le puedan transferir las calidades de servidor público o de contratista para poder ser procesado por peculado, porque de concluirse que no tiene la calidad de representante de hecho o de derecho, tendría que procesarse por un delito contra el patrimonio económico, porque no habría forma de transferirle la calidad de servidor público de conformidad con el Código penal colombiano. Ahora bien, si del hecho punible participan una persona que ostenta la función de representante de derecho de la empresa, al cual se

---

[61] Artículo 17. Administración desleal. La Ley 599 de 2000 tendrá un artículo 250B, el cual quedará así: El administrador de hecho o de derecho, o socio de cualquier sociedad constituida o en formación, directivo, empleado o asesor, que en beneficio propio o de un tercero, con abuso de las funciones propias de su cargo, disponga fraudulentamente de los bienes de la sociedad o contraiga obligaciones a cargo de esta causando directamente un perjuicio económicamente evaluable a sus socios, incurrirá en prisión de cuatro (4) a ocho (8) años y multa de diez (10) hasta mil (1.000) salarios mínimos legales mensuales vigentes.

le transfiere la calidad de servidor público o de contratista, y otras personas que no tienen dicha calidad, al primero se le imputará el delito de peculado en calidad de autor –actuar por otro-, y a los demás se les imputaría igualmente el delito de peculado, pero en calidad de intervinientes.

10. LA CORRUPCIÓN EN EL AMBITO PRIVADO.

Sobre el punto a tratar, se debe comenzar planteando que el concepto de corrupción se encuentra asociado principalmente al ámbito público en el entendido que se trata de un acto realizado por un funcionario público, que es contrario a la función pública encomendada, y que transgrede la Constitución, la Ley, los principios y la ética.

En términos técnicos la corrupción es la desviación de la función pública, de alcanzar los intereses del Estado, a buscar fines particulares; también puede definirse como la apropiación de la función pública por parte del funcionario que la ejerce para favorecer sus intereses particulares o de terceros, con total desprecio de la Constitución o la Ley.

En fin, siempre se ha asociado el concepto de corrupción con el sector público, pero por obvias razones, ello no puede ser así, porque en muchas ocasiones los actos de corrupción incluyen a particulares, como son los casos de contratación de obras públicas, donde los contratistas en su mayoría son empresas de origen privado.

En efecto, casos como los de Odebrecht, como el del carrusel de la contratación, Hidro Ituango, entre otras, son casos en los que una empresa de origen privado, se ven involucradas en casos de corrupción pública, al figurar como contratistas de obras, recibir recursos públicos y administrarlos.

En efecto en el capitulo del Código Penal que trata los delitos contra la administración pública encontramos delitos dirigidos a particulares, como son la omisión del agente retenedor (Art. 402 del CP), el cohecho por dar y ofrecer (Art. 407 CP), Fraude a Subvenciones (Art. 403A CP), Acuerdos restrictivos a la competencia (Art. 410A CP), que es el mejor de los casos, pues son particulares que se conciertan para alterar ilícitamente el proceso contractual, el tráfico de influencias del particular (Art. 411 CP), el mismo soborno transnacional (Art.433 CP), donde le sujeto activo puede ser cualquier particular como en el caso Odebrecht, y la asociación para cometer delitos contra la administración pública (Art.434 CP), que incluye también a particulares. En resumen, desde el Derecho Penal en lo que se relaciona con la corrupción, se entiende que este fenómeno también surge desde el sector privado.

Ahora bien, el concepto de corrupción también se ha utilizado para el sector privado, y de ahí que el estatuto anticorrupción (Ley 1474 de 2011) trajo delitos de corrupción privada, como son la corrupción privada (Art. 250A CP), y la administración desleal (Art. 250B), que son clásicos delitos empresariales, y que afectan a las sociedades privadas.

Precisamente en el derecho penal económico, el derecho penal empresarial o el derecho penal de la empresa, se ha venido hablando del tema de la corrupción privada, y son esos delitos que se realizan desde dentro de la empresa y contra la empresa. Son conductas punibles realizadas por los administradores, directivos, funcionarios de las mismas empresas, que abusando de las funciones encomendadas desvían los recursos de las personas jurídicas privadas para fines diferentes del desarrollo de su objeto social, como cuando se pagan bonificaciones por trabajos inexistentes, se pagan comisiones por ventas ficticias, o cuando suscriben contratos con terceros que nunca se ejecutan, pero si se pagan.

Igualmente, en el ámbito empresarial los representantes legales o funcionarios de una empresa pueden realizar en desarrollo de sus funciones y aduciendo el desarrollo del objeto social, delitos que afecten a terceras personas, como estafas, los delitos contra el sistema financiero, delitos contra el medio ambiente, delitos contra la propiedad industrial, delitos contra la salud pública, etc.

Precisamente este es uno de los puntos que trae la Ley 2195 de 2022, y tiene que ver con los programas de cumplimiento, programas de transparencia y ética empresarial, como los denomina el artículo 9 de la misma Ley, y que busca la implementación del sistema de compliance como se llama en el derecho comparado, y es un sistema de prevención del delito en las empresas, a través de la implementación de códigos de ética y buen gobierno corporativo, en la misma línea del sistema de prevención del lavado de activos y financiación del terrorismo (SAGRILAFT). Estos programas de cumplimiento o compliance, son sistemas normativos diseñados para las empresas, para generar una cultura empresarial de respeto a las leyes, y con ello buscan prevenir la realización de delitos, así como se ha tratado de prevenir el lavado de activos con la implementación del SAGRILAFT.

Todo este sistema lo que busca en últimas es evitar la corrupción privada, que queda definida como la desviación de los recursos y activos de la empresa, para fines diferentes a su objeto social y en contravía de la Ley.

Ahora bien, ¿Son las prácticas anticompetitivas una forma de corrupción? Dentro de un sistema de compliance, que busca en primer termino el cumplimiento de la Ley y los estatutos, si, pues se trata de una práctica contraria a la Ley, que tarde o temprano puede implicar un perjuicio para la sociedad, por el riesgo de ser sancionada administrativamente. El sistema compliance, no solo busca la prevención de delitos al interior de una persona jurídica, sino que busca implantar una política de cumplimiento de la Ley, y un código de ética empresarial dirigido al respeto de la Ley, y siendo las prácticas anticompetitivas contrarias a la Ley, no sería admisible su ejecución en un sistema regido por el compliance. Así las cosas, quien diseñe una estrategia que vulnere las normas de libre competencia, con pleno conocimiento e intención (Dolo), y utiliza los recursos de la empresa para la que pertenece, y con ellos, la ejecuta, logra la participación de varias personas de la empresa, para desarrollar actividades ilegales, y desvía los recursos para fines distintos a su objeto social, está realizando un claro acto de corrupción empresarial, ya sea a través del artículo 250ª o 250b del CP.

Por lo anterior, y atendiendo a un concepto de corrupción que incluye no solo los actos del sector público, sino también los actos de corrupción privada, en relación con la violación de los programas de ética y transparencia empresarial, entenderíamos que las prácticas anticompetitivas, son una violación a la Ley, no permitidas en estos programas, que tienen como finalidad prevenir las prácticas ilegales al interior de una empresa privada.

11. EJEMPLOS DE CORRUPCIÓN EN EL AMBITO PRIVADO.

Hoy en día el llamado derecho penal empresarial es una realidad que está en proceso de evolución en Colombia. La mayor parte de bienes y servicios se comercializan a través de las empresas, y con ello, también surge el problema de los delitos cometidos por los representantes legales o trabajadores, que pueden generar sobrecostos, pérdidas e incluso a la bancarrota a cualquier empresa. A continuación vamos a analizar varios casos que deben prevenirse, para evitar este tipo de delitos:

11.1. LA CAJA MENOR.

Una empresa en funcionamiento no puede tener todo su dinero en el banco, pues requiere gastar en su funcionamiento, trasportes, servicios, mantenimiento, mensajería, compra de víveres, útiles, papelería entre otras muchas cosas menores que requieren de efectivo al instante.

La caja menor es un rubro del cual hay que llevar el control, y por ello debe estar presupuestada, y debe ser contabilizada, y luego de gastada se debe legalizar los pagos con facturas y soportes. Si ese proceso no se realiza adecuadamente, ese dinero es susceptible de ser apropiado, o puede ser utilizado para cubrir sobrecostos, pagar cuentas no autorizadas, entre otros usos indebidos. Si no se lleva el control de la caja menor, los gastos y pagos que se realicen a través de ella serán una fuga de capital para la empresa.

Si se descubre una apropiación de los recursos de la caja menor se pueden presentar tres hipótesis:

a) Se puede presentar el delito de administración desleal[62]: Que se presenta cuando el administrador, directivo, empleado o asesor, con abuso de sus funciones, disponga fraudulentamente de bienes de la sociedad o contraiga obligaciones a cargo de ésta causando perjuicio económico a los socios. En estos casos, se requiere que quién realiza la conducta tenga la función de administrar los recursos o tenga la posibilidad de contraer obligaciones a cargo de la empresa, de no tener dicha función asignada o delegada en debida forma, el delito sería otro.

---

[62] Administración desleal. La Ley 599 de 2000 tendrá un artículo 250B, el cual quedará así:
El administrador de hecho o de derecho, o socio de cualquier sociedad constituida o en formación, directivo, empleado o asesor, que en beneficio propio o de un tercero, con abuso de las funciones propias de su cargo, disponga fraudulentamente de los bienes de la sociedad o contraiga obligaciones a cargo de esta causando directamente un perjuicio económicamente evaluable a sus socios, incurrirá en prisión de cuatro (4) a ocho (8) años y multa de diez (10) hasta mil (1.000) salarios mínimos legales mensuales vigentes.

b) Se puede configurar una estafa[63]: La estafa se configura cuando la persona no tiene la función de administrar los recursos, sino que los recibe de quién si tiene dicha función a través de artificios y engaños, y se los apropia posteriormente. Son los casos en los que se simula un gasto, un servicio o una deuda por pagar, para que el administrador de los recursos le entregue el dinero al simulador, y este se los apropia. La simulación, artificio o engaño, puede consistir en una mentira: me tocó pagar 5 taxis, cuando solo utilizó 1; pero también puede darse un concurso con una falsedad en documento, cuando se presenta un recibo de pago falso para simular el gasto. Los administradores o las personas que tienen el poder dispositivo de los bienes en una empresa, no pueden estafar, pues son ellos, los que administran los recursos, y no pueden auto-engañarse, además que ellos conocen de antemano el fraude que se va a realizar en contra de la empresa. Si bien los administrados o representantes legales, si pueden presentar facturas falsas o contratos falsos para legalizar los dineros que se apropiaron, lo correcto es imputarles el delito de administración desleal en concurso con el delito de falsedad en documento privado.

c) También se puede configurar un Hurto Agravado por la confianza[64]: El hurto agravado por la confianza se

---

[63] Artículo 246. Estafa. Modificado por el art. 33, Ley 1474 de 2011. El que obtenga provecho ilícito para sí o para un tercero, con perjuicio ajeno, induciendo o manteniendo a otro en error por medio de artificios o engaños, incurrirá en prisión de dos (2) a ocho (8) años y multa de cincuenta (50) a mil (1.000) salarios mínimos legales mensuales vigentes. (...)
[64] Artículo 239. Hurto. El que se apodere de una cosa mueble ajena, con el propósito de obtener provecho para sí o para otro, incurrirá en prisión de dos (2)

puede presentar en los casos en los que un trabajador no teniendo el poder dispositivo del bien, y no pudiendo crear una obligación para la sociedad, sí tiene acceso a los bienes, por ello, se termina apoderando de ellos, teniendo o no la posesión de ellos. Para que se configure el hurto, el empleado realiza la acción de apoderarse cuando saca el bien del patrimonio del propietario, aprovechándose de la confianza en él depositada. La diferencia con la administración desleal, es que el sujeto activo no tiene el poder dispositivo del bien hurtado, y la diferencia con la estafa, es que el apoderamiento se da sin una entrega voluntaria del sujeto pasivo debido a un engaño o ardid.

d) El abuso de confianza[65], ya es un tema más restringido, pues la administración desleal lo desplazó, y solo sería aplicable en personas jurídicas diferentes a las sociedades mercantiles, esto es corporaciones, fundaciones, asociaciones, en las cuales sí aplicaría este delito, en los casos en los que los funcionarios que tengan a su cargo la

---

a seis (6) años. (...)
Artículo 241. Circunstancias de agravación punitiva. Modificado por el art. 51, Ley 1142 de 2007. La pena imponible de acuerdo con los artículos anteriores se aumentará de una sexta parte a la mitad si la conducta se cometiere:
(...)
2. Aprovechando la confianza depositada por el dueño, poseedor o tenedor de la cosa en el agente.
[65] Artículo 249. Abuso de confianza. El que se apropie en provecho suyo o de un tercero, de cosa mueble ajena, que se le haya confiado o entregado por un título no traslativo de dominio, incurrirá en prisión de uno (1) a cuatro (4) años y multa de diez (10) a doscientos (200) salarios mínimos legales mensuales vigentes.
La pena será de prisión de uno (1) a dos (2) años y multa hasta de diez (10) salarios mínimos legales mensuales vigentes, cuando la cuantía no exceda de diez (10) salarios mínimos legales mensuales vigentes.
Si no hubiere apropiación sino uso indebido de la cosa con perjuicio de tercero, la pena se reducirá en la mitad.

administración fiduaciaria de ciertos bienes, se los apropien, que sería el mismo tipo de administración desleal pero en personas jurídicas diferentes a las sociedades mercantiles. Pero también aplicaría para contratos entre la empresa y un trabajador que no impliquen disposición o administración de bienes, ni creación de obligaciones, como por ejemplo el comodato o préstamo de uso de un computador de la empresa a un empleado, o de una moto a un mensajero. En estos casos, la existencia de un comodato de un bien mueble, excluye el hurto agravado por la confianza, así mismo lo haría un contrato de depósito de cosas muebles. Esa es una respuesta lógica, aunque sigue existiendo la controversia, de que si el empleado posee el bien en nombre de la empresa por el contrato de trabajo y no a nombre propio, cuando se apodera del bien comete hurto y no abuso de confianza, como lo ha previsto la Corte en el caso del cajero; pero aquí lo que se dice es que el contrato de trabajo incluye un título no traslaticio del dominio sobre el bien, lo que generaría que el trabajador al apropiarse del bien, incurriera en el delito de abuso de confianza y no en hurto agravado por la confianza. En todo caso el delito de abuso de confianza, puede ser utilizado por la Fiscalía para realizar preacuerdos más favorables para los procesados que admitan su responsabilidad penal.

11.2. MANEJO DE LOS INGRESOS DE LA EMPRESA.

Los pagos que recibe la empresa de sus clientes son el principal capital de la misma, y la principal fuente de ingresos para el pago de sus obligaciones. Que esos recursos no ingresen a la empresa y se desvíen, generan un gran perjuicio para la misma. Veamos un caso que se presentó con el Director de Fenalco en Barranquilla:

"Fenalco tenía suscrito un contrato con Fintra S.A. mediante el cual esta firma pagaba a la entidad gremial por la realización de ferias y eventos. Por este concepto, Fenalco enviaba cada tres o cuatro meses a Fintra S.A. una factura por valor de $30 millones, la cual, según declaraciones de los funcionarios de cartera y facturación, había "orden de no cobrar, porque de esta operación se encargaba la dirección ejecutiva".

La auditoría detectó que, entre julio y septiembre de 2015, Fintra pagó con un cheque por el valor antes mencionado, pero este nunca fue consignado en las cuentas de la entidad.

Tras hacer el seguimiento a este pago, la empresa auditora recibió información de que el dinero de los pagos que realizaba Fintra iban a dar a manos del director ejecutivo "para pagar comisiones para la obtención de convenios o contratos del área de desarrollo social", unas supuestas operaciones de las que no hay detalles."[66]

Como vemos en el presente caso, el mismo Director de una asociación gremial, desvió los recursos de ella misma, para

---

[66] DIARIO EL HERALDO. Los gastos millonarios y sin control del exdirector de Fenalco. 1 de Mayo de 2016 en la siguiente página web:
https://www.elheraldo.co/local/los-pagos-sin-control-que-enredan-carlos-jimenez-258077. Consultada el 28 de Agosto de 2017.

otros fines, en donde se sospecha que los recursos fueron apropiados por el mismo director.

Cuando se trata de los ingresos de la empresa, hay que tener mucho cuidado, porque cuando no ingresan los valores de una venta de bienes o de servicios a las cuentas de la sociedad o a través de una caja que los registre, esos dineros no se contabilizan como un ingreso, y quedan en la contabilidad como cuentas por cobrar, o quedan como pérdidas por inventario o se legalizan como gastos inexistentes. Si un gerente encuentra la forma de desviar los ingresos de la empresa a su patrimonio, en definitiva va generar un gran perjuicio a la empresa.

La idea es que toda venta de bienes y de servicios ingrese a las cuentas o a la caja de la empresa y que quede debidamente registrada, sin embargo, existen malas prácticas empresariales tendientes a no contabilizar la totalidad de sus ingresos para evadir los impuestos. Precisamente esas malas prácticas empresariales generan el riesgo de apropiación o desviación de recursos por parte de empleados y administradores, que por falta de control en los registros, se les hace fácil presentar cuentas sin que ello corresponda a un reporte real. Desde el punto de vista financiero, estas malas prácticas disminuyen el valor de los ingresos formales, aumentan las pérdidas y generan unos indicativos negativos para los bancos e inversionistas.

Sobre este tema, es necesario establecer unos controles permanentes y un sistema eficiente que permita determinar el valor real que ingresa a la caja y a las cuentas bancarias de las empresas, que agrupan por una parte, herramientas tecnológicas como un buen software que registre el valor de los servicios y bienes vendidos, las cuentas por cobrar y el valor real recibido por la empresa, y por la otra, control personal a través un buen gobierno corporativo conformado por auditores, revisores y juntas directivas, que controlen periódicamente el funcionamiento de la caja, de la contabilidad y de la tesorería.

3. PAGOS A TERCEROS.

Parece lógico controlar el dinero que ingresa a la empresa, pero también es necesario controlar todo el dinero que sale de ella. El departamento de pagos es muy importante, contiene el listado de acreedores de la empresa, y con ello la estabilidad financiera de la misma. El pago de las cuentas, es una parte fundamental en toda empresa, pues determina el nivel de sostenibilidad de la misma, y el margen de financiamiento.

Toda empresa tiene deudas y cuentas por pagar. Desde que comienza una empresa, le debe a los socios, y luego continúa con los bancos, proveedores, empleados, al Estado entre otros. La empresa subsiste siempre y cuando pueda pagar sus deudas, de lo contrario debe declararse insolvente.

El problema con las deudas es conseguir los recursos para pagarlas, y ellos principalmente se consiguen con las utilidades que le genera su actividad productiva. El equilibrio de una empresa depende de que las cuentas por pagar no superen las cuentas por cobrar, ni el dinero existente en caja. De ahí que sea necesario controlar las cuentas por pagar, pues en ellas, los administradores o empleados pueden incluir cuentas inexistentes, cuentas con sobrecostos, o costos que nada tienen que ver con el funcionamiento de la empresa. Así se pueden presentar casos, como el de un médico que presenta facturas a la EPS, por servicios que no ha prestado; o un funcionario que adultera el valor de unos permisos sanitarios para apropiarse del sobrecosto; o un administrador que paga su declaración de renta con el dinero de la empresa.

Aquí nuevamente habrá que aplicar los criterios señalados en el aparte de caja menor, es decir, hay que diferenciar entre los administradores y empleados que tengan a su cargo la disposición de los recursos de la empresa, de los que no lo tienen. En el caso de los empleados que tienen el poder de disponer de los recursos, el delito aplicable es la administración desleal. Mientras empleados como un chofer, un mensajero o un portero, los delitos aplicables serían el hurto agravado por la confianza o la estafa dependiendo de la conducta.

4. INVERSIONES, PLANES DE MEJORAMIENTO Y LANZAMIENTO DE NUEVOS PRODUCTOS Y SERVICIOS.

Toda empresa requiere competir, y para ello debe estar en un constante proceso de reestructuración y mejora de los bienes y servicios que ofrece. El problema con ello, es en muchas oportunidades se toman malas decisiones que ponen en riesgo a la empresa, por ser negocios tan peligrosos que pueden generar un gran margen de pérdidas si no se manejan bien. Así las cosas una campaña publicitaria, el lanzamiento de un nuevo producto, la modernización de la empresa, contratar a personal más capacitado, comprar una patente, todas son actividades que significan una apuesta económica por producir más dinero, y son sin duda, los pedales de los que se apoya una empresa para producir en un mercado más competitivo.

Así pues que la financiación de nuevos proyectos y estrategias pueden poner el riesgo de la empresa cuando se desequilibra la estabilidad financiera, porque el valor de los costos, supera el valor de los ingresos.

En este punto, cuando una empresa lanza un producto o un servicio al mercado que no alcanza los ingresos suficientes para cubrir sus gastos, ello no es necesariamente un delito, fue una apuesta en un riesgo en el mercado que deben asumir la empresa y los accionistas, como una consecuencia necesaria de su actividad. De existir culpa por parte de los directivos o responsables de promover el lanzamiento, está generará una responsabilidad de tipo indemnizatoria regulada por el código de comercio colombiano.

Pero debo aclarar que al margen de lo anterior, si existe protección del derecho penal en ese campo si se cumplen algunas condiciones:

a) Si los riesgos de la decisión empresarial eran tan altos que necesariamente esa decisión implicaba una apuesta perdida en términos administrativos, financieros y contables, y aún conociéndolos de primera mano se decidió seguir adelante, ocasionando una gran pérdida para la sociedad y los inversionistas, el delito que se puede aplicar es la administración desleal (Art. 250B). En este caso, el delito de administración desleal tiene una particularidad, y es que tipifica la conducta de quien "con abuso de las funciones propias de su cargo, disponga fraudulentamente de los bienes de la sociedad o contraiga obligaciones a cargo de está causando directamente un perjuicio económicamente evaluable a sus socios", está más que claro que el delito no es culposo, requiere de un conocimiento específico y es saber que el proyecto que va a iniciar va a generar necesariamente un gran perjuicio económico para la empresa y para sus socios.

b) Si desde el principio no existe riesgo alto, sino más bien seguridad de un perjuicio económico para la empresa, es decir que quien actúa tiene el pleno conocimiento de que lo que va a hacer es una estafa para la empresa y para terceros, el tipo aplicable no es la administración desleal, sino la estafa (Art. 246 del C.P.). Quien a través de engaños y artificios convence a los directivos de una empresa para invertir en un servicio o producto, inexistente, defectuoso o engañoso, es un estafador. Si la empresa se configura para vender lotes de terreno que no tiene, o para vender apartamentos que nunca va a construir, o a vender títulos valores duplicados o inexistentes, no hay duda que el delito aplicable sería una estafa y no la administración desleal.

5.   EL MANEJO DE LA NÓMINA.

Sin duda, la nómina es una de las cargas económicas más grandes para una empresa, pero es también el motor de impulso de la misma. Trabajadores serios, honrados y productivos harán crecer la empresa por encima de sus competidores.

En el pago de la nómina pueden generarse ciertos sobrecostos a la empresa, o también puede generarse corrupción.

En primer lugar, se puede hablar de las nóminas paralelas y de corbatas, estos son personas vinculadas a una empresa laboralmente, con cargos directivos, asesores y consultores, que no aportan nada al funcionamiento de la empresa, pero que sí generan un alto costo en prestaciones y salarios. Por regla general son familiares de los accionistas, de los administradores o de los miembros de la junta directiva.

También se vinculan a empleados que no cumplen ninguna función en la empresa, sino que trabajan para los directivos, como son choferes, empleadas domésticas, celadores y escoltas, que no fueron asignados por la empresa, sino que los directores la incluyen en la nómina de la empresa para asumir sus costos.

También a través de la nómina se pagan comisiones por trabajos o ventas que no se realizan, o se pagan horas extras que no se trabajan.

Igualmente, se crean órdenes de prestación de servicios, o contratos de prestación de servicios, por trabajos que no se realizan.

Por regla general exista la participación de los representantes legales, los administradores, los jefes de personal, los supervisores o superiores que autorizan el pago de todos estos trabajos inexistentes y que afectan gravemente la economía de una empresa. En muchas ocasiones estás prácticas coinciden con acoso laboral, corrupción y otros delitos, por ejemplo, un administrador que se enamora locamente de una vendedora, le concede comisiones y le reconoce horas extras que no ha realizado a cambio de su atención. Un administrador no quiere ser descubierto en un fraude y le ofrece al contador contratar a unos parientes a cambio de su silencio.

En estos casos, quien tiene la potestad de generar una obligación laboral a cargo de la empresa, tiene poder de administración de recursos, por lo tanto, incurriría en el delito de administración desleal (Art. 250B).

6.   MANEJO DE BIENES Y DE INVENTARIO.

Los bienes de una empresa conforman el patrimonio de la misma, y su valor incrementa sus activos, permite prestar mejores servicios y son la garantía real de los préstamos y de los acreedores en caso de iliquidez.

La compra de bienes (terrenos, maquinarias, vehículos, equipos, etc), son una de las actividades más frecuentes de una empresa. La venta de bienes puede ser la principal actividad de una empresa como por ejemplo una comercializadora de vehículos; pero también puede ser una operación excepcional para recuperar liquidez o iniciar un proceso de renovación de tecnología, piénsese en un hospital o en una universidad, cuya actividad principal es la venta de servicios y no de bienes.

Si los bienes se comienzan a vender de manera fraudulenta o comienzan a desaparecer por cuenta de los delincuentes, los perjuicios para la empresa son mayúsculos en todos los sentidos.

En una empresa por ejemplo, los empleados aprovechándose de la falta de control de los administradores, porque no tenían un proceso serio de inventario, comenzaron a vender sin autorización, los productos que la empresa comercializaba, a tal punto, que las ventas de la empresa comenzaron a caer, y luego de indagar en el mercado, se dieron cuenta que sus empleados, sacaban los productos de la bodega, y se los vendían a los mismos clientes de la empresa a más bajo precio.

También se han presentado casos de ventas que no se reportan o ventas ficticias de productos. En una empresa por ejemplo, un empleado vendía los productos de la empresa, le ocultaba los descuentos al cliente, pero sí los reportaba en contabilidad, de cuyos valores, realizaba cuentas ficticias, para vender más productos sin reportar los pagos a la empresa.

Nuevamente, aquí hay que diferenciar entre quiénes tienen el poder de disposición de los bienes y quienes no lo tienen, para determinar si nos encontramos ante un delito de administración desleal, o un delito de hurto agravado por la confianza.

12. EL CASO DE LOS CARTELES DE LA HEMOFILIA, EN LOS CASOS DE CORRUPCIÓN EN EL SISTEMA DE SEGURIDAD SOCIAL.

Uno de los casos más lamentables de corrupción son los llamados los carteles de la hemofilia y el VIH, en el sector salud. En Colombia los recursos de la salud se manejan a través de contribuciones de los afiliados, que se convierten en recursos parafiscales, otros provienen del situado fiscal, y otros se recaudan a través de monopolio rentístico.

El problema del manejo de estos recursos para la prestación del servicio de salud, que son de carácter parafiscal, se entiende recursos públicos, que en un régimen contributivo lo manejan las EPS, y en el régimen subsidiado lo manejan las EPSS, antes (ARS). Las EPS y las EPSS, son las responsables de recaudar los aportes de los usuarios, y de los entes territoriales; de organizar el proceso de afiliación de los pacientes; de la contratación de la red hospitalaria; y son las garantes de la prestación del servicio de salud ante los usuarios.

En este sistema de salud, donde se manejan muchos recursos se presentan muchos casos de corrupción, donde se facturan servicios no prestados, se incurren en sobrecostos en la facturación, se cobran varias veces un mismo servicio o factura, y se falsifican facturas, ordenes médicas, fórmulas médicas y tratamientos, con tal de obtener provecho ilícito del sistema general de seguridad social.

El caso del CARTEL DE LA HEMOFILIA en Córdoba consistía en el cobro del tratamiento de supuestos pacientes que sufrían la enfermedad de hemofilia, de personas que no existían, o de personas que no padecían dicha enfermedad. Lo que se buscaba era facturar tratamientos que no se practicaron:

"Pero ¿en qué consistía el cartel de la hemofilia? En hacer pasar por hemofílicas a personas sanas, con el propósito de que fuesen cancelados los servicios médicos por la supuesta atención brindada a pacientes. Para esto fue necesaria la ayuda de auditores médicos, secretarios de salud y particulares como dueños y/o socios de los entes prestadores de servicios de salud. Entre las entidades mencionadas por la Fiscalía se encuentran las IPS Unidos por su Bienestar y San José de la Sabana S.A.S., relacionadas con Guillermo José Pérez, con las que "se hizo la mayor defraudación al sistema de salud por supuestos servicios médicos prestados a población pobre con trastorno de hemofilia".

Para el ente acusador, la participación del suspendido gobernador comenzó a ser explícita el segundo trimestre de 2016, cuando Besaile supuestamente aprobó el pago de una cuenta de cobro por más de $1.525 millones a la IPS San José de la Sabana por concepto de servicios médicos prestados a 14 pacientes que supuestamente sufrían de hemofilia. Aunque en el interior de la Gobernación se rumoraba sobre estas irregularidades, nunca se mencionó nada y fue hasta el 19 de abril de 2016 que la Contraloría recibió una denuncia formal por parte de una empleada anónima, quien detalló lo que ocurría con los arcos.

Mientras el suspendido Gobernador no respondió por lo sucedido, la Contraloría terminó de unir las piezas de este nuevo rompecabezas de la corrupción. El 4 de mayo de ese mismo año, esta entidad entregó un informe a Besaile en el que describía las irregularidades ocurridas. Uno de los detalles que más llamaron la atención fue el pago de **$3.156 millones a la IPS Unidos por su Bienestar**, cuyo representante legal era Pérez Ardila, la cual al parecer había prestado servicios de salud a 28 pacientes hemofílicos. A pesar del derroche de dinero, los millonarios pagos no cesaron. El 23 de mayo de 2016 se comprobó uno nuevo autorizado por Besaile.

Este nuevo desembolso **se habría hecho por un valor de $1.525 millones a favor de la IPS San José de la Sabana**, con participación del secretario de Salud, José Jaime Pareja, quien habría sido quien reconoció la prestación de los servicios de salud a los pacientes. Para la Fiscalía, el *modus operandi* de los millonarios pagos fue el mismo: se hicieron sin que existiera certeza de los servicios, los diagnósticos de los pacientes no eran hechos por un médico profesional, los laboratorios no habrían efectuado los exámenes clínicos y presuntos pacientes aseguraron no haber recibido tratamiento porque no padecían la enfermedad."[67]

Esto es un pequeño resumen, sin embargo, habría que tener claro que el procedimiento para el pago de cuentas de cobros presentadas por las IPS, es que éstas últimas presentan dichas cuentas de cobros a las EPS o ante las EPSS, quienes deberán pagar los recursos. En el caso el régimen de salud

---

[67] VARGAS, CATALINA (2018). Así se robaron la plata del cartel de la hemofilia en Córdoba. En el Diario el Espectador. Colombia. Judicial 18 jul. 2018 - 9:00 p. m. en la siguiente página web:
https://www.elespectador.com/noticias/judicial/asi-se-robaron-la-plata-del-cartel-de-la-hemofilia-en-cordoba/ consultado el 24 de Julio de 2020

subsidiado, los recursos provienen de los entes territoriales, ya sea de un Municipio o Distrito, o de un Departamento, que elaboran una lista de personas que deben ser afiliados por las EPSS, y le giran los recursos a dichas EPSS, para que atiendan a esta población. Ahora bien, en el caso de Córdoba, se habla de que la Gobernación autorizó el pago de facturas presentadas por dos IPS, en especial, lo cierto es que legalmente, dicho pago debe ser realizado no por la Gobernación sino por la EPSS, sin embargo, también se ha creado otra posibilidad, y es que las EPSS, cuando tengan una deuda con una IPS, pueda autorizar a la Gobernación el giro directo a la IPS, para cumplir con la obligación.

Pasando al tema de la configuración de los delitos en el caso del cartel de la Hemofilia, el primer delito que hay que analizar es el de peculado:

> ARTICULO 397. PECULADO POR APROPIACION. <Ver Notas de Vigencia en relación con el artículo 33 de la Ley 1474 de 2011> <Penas aumentadas por el artículo 14 de la Ley 890 de 2004, a partir del 1o. de enero de 2005. El texto con las penas aumentadas es el siguiente:> El servidor público que se apropie en provecho suyo o de un tercero de bienes del Estado o de empresas o instituciones en que éste tenga parte o de bienes o fondos parafiscales, o de bienes de particulares cuya administración, tenencia o custodia se le haya confiado por razón o con ocasión de sus funciones, incurrirá en prisión de noventa y seis (96) a doscientos setenta (270) meses, multa equivalente al valor de lo apropiado sin que supere el equivalente a cincuenta mil (50.000) salarios mínimos legales

mensuales vigentes, e inhabilitación para el ejercicio de derechos y funciones públicas por el mismo término.

Si lo apropiado supera un valor de doscientos (200) salarios mínimos legales mensuales vigentes, dicha pena se aumentará hasta en la mitad. La pena de multa no superará los cincuenta mil salarios mínimos legales mensuales vigentes.

Si lo apropiado no supera un valor de cincuenta (50) salarios mínimos legales mensuales vigentes la pena será de sesenta y cuatro (64) a ciento ochenta (180) meses e inhabilitación para el ejercicio de derechos y funciones públicas por el mismo término y multa equivalente al valor de lo apropiado.

En una sentencia proferida por el Juzgado Trece penal del Circuito de Cali, en un caso donde se acusa a la EPS Coomeva y a una empresa, de un fraude por sobrecostos en la facturación, y de pagos de atenciones a personas muertas, de la prestación del servicio de salud para pacientes con VIH, se plantearon los siguientes argumentos para endilgarles el delito de peculado:

Según el fallo la calidad de funcionarios públicos a los directivos de COOMEVA EPS son los siguientes:

Lo importante es tener claro que hasta el momento queda claro que:

i) La EPS COOMEVA prestaba el servicio público de salud, por tanto, cumplía una función pública.

ii) La EPS COOMEVA tenía a su cargo la administración y custodia de dineros públicos, esto es, parafiscales.

iii) No hay responsabilidad penal de personas jurídicas en Colombia.

iv) La responsabilidad penal en Colombia es de los gerentes, asesores, representantes legales, etc., vinculados con la persona jurídica, conforme la cláusula del "actuar por otro".

v) La EPS COOMEVA estaba vinculada con COOMEVA CORPORATIVA.

vi) JORGE HUMBERTO CESPEDES IBARRA, MANUEL HUMBERTO LEON AVELLANEDA y CARLOS ARTURO PARRA OROZCO, estaban vinculados directamente y en cargos directivos, con COOMEVA EPS, cargos relacionados de forma directa con el sector salud.

vii) MELBA LUCIA FLOREZ TORO y LAUREANO NOVOA GUEVARA, se encontraban vinculados con COOMEVA CORPORATIVA.

viii) COOMEVA CORPORATIVA tenía incidencia en el manejo de Coomeva EPS, ya que esta última hacía parte del holding.

ix) Los citados acusados tienen la calidad de servidores públicos, a la luz del art. 20 del C.P., en la medida en que o se relacionaban directamente con la prestación del servicio de salud o con los dineros públicos de carácter parafiscal que manejaba la EPS.

x) Los citados acusados, mediante sus posiciones directivas, encausaron la contratación con medicamentos de occidente.

Y se complementa con lo siguiente:

"En ese orden, siendo las cosas como se han visto, debemos concluir, necesariamente, que quienes tengan a su cargo, dentro de la entidad que ejerce funciones públicas, en el caso que se analiza, la EPS, la custodia, administración, disposición, recaudación, de bienes del Estado o públicos, como lo son los parafiscales, debe entenderse que tiene la calidad de servidor público, por tanto se encuentra dentro de las previsiones normativas que consagra el referido artículo 20 del Código Penal."

Y en relación con los socios de MEDICAMENTOS DE OCCIDENTE son los siguientes:

En conclusión, respecto de medicamentos de occidente y sus socios:

a. Medicamentos de occidente prestaba un servicio público en salud.

b. Medicamentos de occidente, para prestar el servicio público, lo hacía con dineros provenientes del SGSSS.

c. Medicamentos de occidente, al prestar el servicio de salud, cumplía con una función pública.

d. Los socios de medicamentos de occidente que laboraban en la empresa para la fecha de los hechos, y que tenían relación directa con la prestación del servicio de salud, tienen la calidad de servidores públicos.

A lo anterior se adiciona con lo siguiente:

En ese orden, al fin de cuentas, medicamentos de occidente, estaba prestando un servicio público, esto es, la atención de pacientes con VIH SIDA y los reemplazos articulares y por otra parte, dicha función se cumplía con los recursos del sistema general de seguridad social en salud.

Actuaciones que no eran desconocidas por medicamentos de occidente, en primer lugar por cuanto la prestación del servicio público en salud, en virtud de un mandato constitucional (art. 48 CN) es de conocimiento de la población, más aún, de aquellas empresas que tenían relaciones comerciales dentro del sector salud, por otra parte, también eran conocedores de la calidad de parafiscales de los recursos con los cuales se cubría la prestación del servicio en salud, ya que no de otra manera se puede explicar la forma en que una EPS, que recibe dineros públicos, pueda cubrir la atención en salud de población de alto costo.

(...)

En este punto, es claro para el despacho que no se habla de delegación de la delegación, ya que medicamentos de occidente, al asumir la prestación de un servicio público en salud, con recursos también públicos, lo que hace es abrogarse la función pública al respecto y con ello, detentar las obligaciones que les son propias.

Ahora bien, decantado que la entidad medicamentos de occidente si tenía una función pública, corresponde establecer si los socios de la misma tenían la calidad de servidores públicos.

Una vez decantado lo anterior, debemos señalar que no existe duda en relación con la función pública que ejercía tanto la EPS COOMEVA como MEDICAMENTOS DE OCCIDENTE y por otro lado, no hay duda de la calidad de servidores públicos de los acusados, unos vinculados laboralmente con Coomeva y otros con medicamentos de occidente.

Una visión similar, tuvo el Tribunal Superior de este Distrito Judicial del Valle, en este caso, cuando conoció en segunda instancia de la apelación en contra de un auto interlocutorio, donde, por ejemplo, se señaló:

> "...los directivos de la empresa medicamentos de occidente deben ser considerados como servidores públicos para efectos de la ley penal, como quiera que al haber realizado el contrato de prestación de servicios con COOMEVA EPS, para efectos de ofrecer el servicio de salud a los enfermos de VIH SIDA, se les encomendó la prestación de un servicio público esencial, como lo es la salud, en consecuencia ejercían funciones públicas, de cara a ello eran particulares ejerciendo funciones públicas de forma transitoria..."

Lo cierto es que tanto los conceptos de la Fiscalía, del Juzgado, como del Tribunal, incurren en un error legal muy importante, y de acuerdo con la normatividad vigente, la persona que tiene la obligación de administrar recursos públicos es la EPS, como persona jurídica, y quién tiene que pagar los servicios de salud, es la EPS como persona jurídica, por tanto, es la persona jurídica la que reúne las condiciones un servidor público, porque es ella la obligada a administrar los recursos parafiscales, de garantizar la prestación del servicio de salud, y son las que pagan a los prestadores de éstos servicios. Por otra parte, las personas naturales que dirigen como socios o como administradores de las EPS, no tienen ningún tipo de relación contractual con el Estado, y sus funciones dentro de la empresa, no están regladas sino por contratos privados, ya sea de trabajo o de prestación de servicios igualmente privados y no públicos, y tampoco existe una delegación de funciones a través de un acto administrativo emitido por una autoridad pública competente. Así las cosas, se acude al artículo 20 del Código Penal:

> ARTICULO 20. SERVIDORES PUBLICOS. Para todos los efectos de la ley penal, son servidores públicos los miembros de las corporaciones públicas, los empleados y trabajadores del Estado y de sus entidades descentralizadas territorialmente y por servicios.
>
> Para los mismos efectos se consideran servidores públicos los miembros de la fuerza pública, los particulares que ejerzan funciones públicas en forma permanente o transitoria, los funcionarios y trabajadores del Banco de la República, los integrantes de la Comisión Nacional Ciudadana para la Lucha contra la Corrupción y las personas que administren los recursos de que trata el artículo 338 de la Constitución Política.

Se entiende entonces que también pueden ser servidores públicos los particulares que ejerzan funciones públicas en forma permanente o transitoria, y en este caso en particular, quién tiene la obligación de administrar los recursos es la EPS como persona jurídica, que es diferente a aquellos que la dirigen y la administran. Ahora bien, para estos casos, el Código Penal contempla la figura del actuar por otro, establecida en el artículo 29:

> "También es autor quien actúa como miembro u órgano de representación autorizado o de hecho de una persona jurídica, de un ente colectivo sin tal atributo, o de una persona natural cuya representación voluntaria se detente, y realiza la conducta punible, aunque los elementos especiales que fundamentan la penalidad de la figura punible respectiva no concurran en él, pero sí en la persona o ente colectivo representado."

Esta figura está diseñada precisamente para estos casos en los que existe una persona jurídica, en la cual sí concurre la condición particular, en este caso el ser funcionario público, y que en virtud del actuar por otro, se le transfiere solo a las personas que conforman un órgano de representación autorizado o de hecho, y por ello, la condición de servidor público solo se le transfiere al representante legal o el representante de hecho, pero no al resto de personas que conforman la persona jurídica, y ello, limita la responsabilidad penal, y evita la amplificación desmedida del derecho penal, que vulneraría tanto la función pública que es reglada, como el principio de legalidad que opera en ella, como bien lo dispone el artículo 209 de la Constitución Nacional:

> ARTICULO 209. La función administrativa está al servicio de los intereses generales y se desarrolla con fundamento en los principios de igualdad, moralidad, eficacia, economía, celeridad, imparcialidad y publicidad, mediante la descentralización, la delegación y la desconcentración de funciones.
>
> Las autoridades administrativas deben coordinar sus actuaciones para el adecuado cumplimiento de los fines del Estado. La administración pública, en todos sus

órdenes, tendrá un control interno que se ejercerá en los términos que señale la ley.

De esta manera, en el presente caso, solo tendrían por la figura del actuar por otro, los representantes legales de la EPS vinculada, es decir COOMEVA EPS, que es la persona que tiene a su cargo la función de administrar los fondos parafiscales. Por lo anterior, nadie que no sea representante legal o que sea representante de hecho, puede ser servidor público en la figura del actuar por otro. Así entonces, si un portero, o si un doctor, deciden hacer un fraude con los recursos de la salud, ellos no realizan un peculado, sino un hurto, una estafa o un abuso de confianza, según el caso, porque ellos son personas particulares que no tienen la calidad de servidores públicos, a pesar de que el dinero que se estén apropiando provengan de los recursos de la salud.

Ahora bien, si un servidor público realiza una conducta como el peculado o una celebración indebida de contrato, con la ayuda de personas que no tienen la condición de servidores públicos, éstos a pesar de participar en un hecho delictivo que requiere de un autor calificado, con un acuerdo previo, en el que se realiza una división de trabajo, y el aporte es muy importante, no podrá ser un coautor, sino un interviniente, como bien lo establece el artículo 30:

> "Al interviniente que no teniendo las calidades especiales exigidas en el tipo penal concurra en su realización, se le rebajará la pena en una cuarta parte."

Así que si en un delito como el peculado o como la celebración indebida de contratos, participan personas que no tienen la condición de servidor público, ellos no pueden ser coautores, sino intervinientes.

Este tema es relevante en los delitos realizados en ejercicio de la función pública de administrar recursos públicos, toda vez, que en estos casos, la participación plural de varias personas es prácticamente necesaria, partiendo de la base, que estamos hablando de una agrupación de personas que actúan conjuntamente para cumplir con los fines del Estado, y por ello, se requiere tener claros elementos esenciales de la figura de coautoría, para poder diferenciar entre coautores y partícipes, los cuales son de acuerdo con la Ley, y con todo lo analizado anteriormente los siguientes[68]:

- Acuerdo común, que determina la intención de las partes, los aportes de cada uno, y por tanto, el límite de la responsabilidad por excesos en el plan.
- División de trabajo, que establece una asignación de tareas a cada uno de los participantes en el hecho delictivo, que permita evidenciar la co-ejecución –coordinada- de un acto conjunto desde el punto de vista objetivo, permitiendo con esto, que no exista la necesidad de que todos realicen el verbo rector para que sean catalogados como coautores del hecho punible. Igualmente, que exista una relación funcional desde el punto de vista social y normativo que permita relacionar la labor encomendada a cada participante, con la comisión de un hecho delictivo.
- Que el aporte sea esencial, es decir que el participante realice una tarea de tal importancia, que se pueda concluir, que sin ese aporte, la conducta punible no se hubiese podido realizar.

---

[68] ABELLO GUAL, Jorge Arturo. (2015) La autoría y participación en el delito de peculado. Peculado discusiones actuales. Leyer. Página. 145-154

- Y que el aporte sea realizado en la etapa de ejecución del acto delictivo.
- Para la aplicación de esta teoría del dominio funcional del hecho, en la práctica se requiere tener en cuenta ciertos elementos especiales que tiene el delito de peculado, en el momento de establecer quiénes son autores y quienes son partícipes en este delito. Dichas particularidades son: el carácter de servidor público que debe tener el autor, y la relación funcional que debe existir entre el bien y el autor de la conducta[69].

Por esta razón, para que una persona pueda ser coautor del delito de peculado, se requiere:

- Ser servidor público.
- Tener a su cargo la administración, tenencia o custodia del bien, en razón o con ocasión de sus funciones.
- Que exista acuerdo común.
- División del trabajo.
- Que el aporte sea esencial.
- Que el aporte sea realizado en la etapa de ejecución del acto delictivo[70].

De todo ello, es necesario establecer que por una parte se requiere que exista la disponibilidad jurídica de los recursos, lo que significa la administración, tenencia o custodia del bien, en razón o con ocasión de sus funciones, y este es un punto muy importante, pues, para que se configure un delito de peculado, el autor debe tener la calidad de ordenador del gasto, o la disponibilidad jurídica de los recursos:

---

[69] Op. Cit. Página. 145-154
[70] Op cit. Pág. 145-54

"La teoría compleja de la disponibilidad jurídica sobre el presupuesto aceptada pacíficamente por la doctrina y la jurisprudencia, incluida la de esta Sala, implica que no solo el ordenador del gasto puede ser autor de peculado por apropiación, sino también el titular de la iniciativa en materia de gasto, y otros funcionarios como por ejemplo el auditor, el revisor fiscal, el pagador, siempre que hubieren tenido el deber de actuar en algún eslabón del acto complejo y que hubiesen sustituido por su voluntad dolosa los postulados de la Ley decreto, resolución , reglamento, manual de funciones, procedimientos institucionalizados no escritos, etc., que contemplen tal deber.

No se debe confundir la disponibilidad material o física sobre el presupuesto (...) posibilidad que puede recaer en un funcionario exclusivo y determinado, como el ordenador del gasto y el almacenista, entre otros, con la disponibilidad jurídica del mismo, pues éste concepto amplio no solo involucra a los anteriores sino que se extiende a todos aquellos que deben intervenir de manera imprescindible para que el compromiso de la erogación nazca a la vida jurídica."[71]

Así nuevamente se hace la pregunta, y es ¿si los socios de MEDICAMENTOS DE OCCIDENTE podrían tener la disponibilidad jurídica de los recursos? Pues no. MEDICAMENTOS DE OCCIDENTE no administraba los recursos parafiscales, ni tenía la disponibilidad jurídica de los mismos, porque ellos no autorizaban el pago, ni pagaban, ellos

---

[71] CORTE SUPREMA DE JUSTICIA, Sentencia del 23 de Septiembre de 2003.

prestaban un servicio, y luego presentaban sus facturas por un servicio que ya habían prestado.

El hecho de que el pago de un servicio se haga con recursos públicos no los convierte en servidores públicos, ni a MEDICAMENTOS DE OCCIDENTE lo convierte en un servidor público. Y en esto hay que diferenciar, que una cosa es recibir recursos públicos para administrarlos, y otra muy diferente, es recibir el pago de una prestación ya realizada, donde los recursos se convierten en bienes particulares, como ocurre, con el salario que recibe un servidor público, que una vez ingresa en su cuenta, deja de ser recursos públicos.

En primera instancia, si se presta el servicio de atención en salud para pacientes, ello puede estar relacionado con el servicio público de la salud, pero no significa que sea un funcionario público, así como un médico de una clínica particular no es un funcionario público, ni una enfermera en la misma clínica puede ser un funcionario público, ni un piloto de Avianca es un funcionario público, ni un chofer de Brasilia es un funcionario público.

En segunda instancia, si un ladrón le hurta el sueldo a un funcionario público, no está cometiendo un delito de peculado, a pesar de que el salario venga del Estado. Igualmente, si alguien se hurta una señal de tránsito o un semáforo, no estaría cometiendo peculado, sino un hurto agravado (Art. 241 CP).

Si un médico presenta una cuenta de cobro adulterada, o un paciente presenta para su pago una incapacidad de 15 días falsa, tampoco estaría cometiendo un peculado, sino una estafa agravada por afectar recursos de la seguridad social (Art. 247).

Si un médico, una IPS o un contratista de una EPS, decide presentar una cuenta de cobro falsa, engañando a la EPS, que es la ordenadora de los recursos parafiscales, obteniendo el pago, no incurre en un delito de peculado sino en una estafa agravada por afectar los recursos del sistema de seguridad social, y la razón es que, ni el médico, ni el contratista de la EPS tienen la administración, custodia o tenencia del recurso, ni tienen la disponibilidad jurídica de los mismos, porque quién da la orden de pago es el funcionario de la EPS competente para ello.

En esa misma línea argumentativa el prestador de un servicio o la IPS no tiene la disponibilidad jurídica, y no puede ser coautor del delito de peculado, a pesar de que le paguen con recursos públicos, pues al momento del pago, estos recursos dejan de ser públicos, pues no se trata de un anticipo, sino de un pago por un servicio ya prestado.

Tampoco es posible trasladar la teoría del contratista de obra pública al caso en concreto, pues el contratista de obra pública de acuerdo con la Ley 80 de 1993, sí tiene la condición de servidor público, en cambio, las IPS, y los contratistas de las EPS, siguen siendo particulares. Los contratistas de obra coadministran recursos públicos, cuando le son dados en anticipo, junto con el interventor, en cambio, los contratistas de una EPS, y las IPS no administran anticipos, ellos cobran servicios que ya han sido prestados.

Por lo anterior, en los casos del cartel de la hemofilia en Córdoba, que se dieron a través del pago realizado por la Gobernación a las EPSS (antes ARS), y que éstas luego se la hicieron a las IPS, por prestación de servicios a personas inexistentes, y en las que tanto el Gobernador de Córdoba, los representantes legales de las EPSS (antes ARS), y los representantes legales de las IPS, eran conocedoras que estaban pagando servicios que nunca se prestaron, el peculado se configura desde el Gobernador que tiene la disponibilidad jurídica de los recursos, que se los gira a las EPSS (antes ARS), cuyos representantes legales que administran esos recursos parafiscales, pagan facturas presentadas por las IPS, por servicios que no prestaron. En dicho caso, el Gobernador tiene la disponibilidad jurídica de los recursos, y sería autor del delito de peculado. Por su parte, los representantes de las EPSS (antes ARS), serían servidores públicos a través del actuar por otro, y también tienen la disponibilidad jurídica de los recursos, por lo que responderían como coautores del delito de peculado. Pero las IPS no tienen la condición de servidores públicos, ni tienen la disponibilidad del recurso, sin embargo, al presentar las facturas falsas, hicieron un aporte importante al hecho, pero al ser particulares y no tener la disponibilidad jurídica de los recursos, responderían como intervinientes, del delito de peculado.

CASO DE CORRUPCIÓN EMPRESARIAL EN LA UNIVERSIDAD AUTÓNOMA DEL CARIBE

HECHOS RELEVANTES.

2) De conformidad con el informe del contador de la Universidad Autónoma del Caribe, se ha podido establecer que la señora SILVIA GETTE PONCE durante los periodos 2008-2012, aprovechando su calidad de Rectora durante esos periodos cargó a una cuenta contable de la Universidad, una fuerte cantidad de préstamos ilegales que buscaban defraudar el patrimonio de la Universidad, por una suma de DOS MIL

CUATROCIENTOS OCHO MILLONES CUATROCIENTOS CUARENTA MIL CUATROCIENTOS TREINTA Y SIETE PESOS M.L. ($2.408.440.437.oo). Dineros que prestó en condiciones muy desfavorables para la Universidad, pues se prestaba sin intereses y con unas cuotas de amortización muy bajas (TRES MILLONES DE PESOS M.L. ($3'000.000.oo) mensuales). De aquel monto global de préstamos, solo pagó la suma de DOSCIENTOS SETENTA Y DOS MILLONES SETECIENTOS CUARENTA Y DOS MIL CUATROCIENTOS CUARENTA Y SIETE PESOS M.L. ($272.742.447.oo), que corresponden a CIENTO SIETE MILLONES CUATROCIENTOS CINCUENTA Y SIETE MIL QUINIENTOS PESOS, ($107.457.500.oo), en descuentos, y CIENTO SESENTA Y CINCO MILLONES DOSCIENTOS OCHENTA Y CUATRO MIL NOVECIENTOS CUARENTA Y SIETE PESOS M.L. (165.284.947) que le fueron descontados de su liquidación. Quedando entonces un saldo importante de DOS MIL CIENTO TREINTA Y CINCO MILLONES, SEISCIENTOS NOVENTA Y SIETE MIL, NOVECIENTOS NOVENTA PESOS M.L. ($2.135'697.990.oo).

3) Que de acuerdo con los estatutos de la Universidad, especialmente en el artículo 39 literal i, el Rector tiene competencia para ordenar el gasto hasta 59 salarios mínimos[1]. Al analizar los préstamos realizados por la Universidad Autónoma del Caribe a favor de la señora SILVIA GETTE PONCE encontramos que 11 de los 37 préstamos realizados en el periodo 2008-2012 superan el tope de los 59 salarios mínimos, por lo tanto, son préstamos ilegales por estar en contra de los estatutos de la Universidad y por fuera del mandato de administración dado por la Institución Universitaria. Que estos préstamos ilegales ascienden a la suma de MIL CUATROCIENTOS TREINTA MILLONES

CUATROCIENTOS CINCUENTA Y SIETE MIL QUINIENTOS PESOS M.L. ($1.430'457.500).

4) Igualmente se encontró que algunos préstamos se realizaron para pagar asuntos personales como pago de impuesto predial, pago declaración de renta, pago prima de seguro de vida, pago cuota club lagos del Caujaral. Temas que no tienen nada que ver con el objeto social de la Universidad, ni con el giro normal de sus actividades, sino cuentas de tipo personal de la señora SILVIA GETTE PONCE que cargó con recursos de la Universidad, y que con ello poco a poco iba desviando recursos de la Institución hacía el pago de deudas e inversiones, obteniendo provecho propio.

5) De conformidad con las cuentas contables también aparecen varios préstamos autorizados por la sala general por un valor global de TRESCIENTOS CINCUENTA Y NUEVE MILLONES DOSCIENTOS CINCUENTA MIL PESOS M.L. ($359'250.000.oo) para la compra de acciones del Hospital Universitario, donde la Universidad Autónoma del Caribe iba a remitir a sus estudiantes de medicina. Este tema es complejo, pues la señora con recursos de la Universidad compraba acciones en un inmueble que luego le iba a ser arrendado a la Universidad para su uso. Y el tema es aún más complicado si se tiene en cuenta que a pesar de tener autorización de la Sala General mediante acta No. 164 de Marzo de 2012, hay que manifestar que ella manejaba a sus miembros y logró que la favorecieran para realizar esta inversión que a largo plazo a la única que iba a beneficiar era a la ex Rectora, porque no es lógico que la Universidad teniendo los recursos para comprar los activos, decidiera prestarle a un tercero para que compre las acciones, y que posteriormente le toque reconocer los rendimientos por unos derechos que se compraron con sus recursos.

6) Por otra parte, la señora SILVIA GETTE PONCE pagó los honorarios de sus abogados por valor de CUATROCIENTOS CUARENTA Y CUATRO MILLONES CUATROCIENTOS CUARENTA Y CUATRO MIL CUATROCIENTOS CINCUENTA Y UN PESOS M.L. ($444'444.451.oo), con recursos de la Universidad Autónoma del Caribe, tomando en consideración la autorización dada por la Sala General en acta 173 de Marzo de 2012, sin embargo, en esa acta no se autorizó financiar los honorarios de los abogados de la ex Rectora SILVIA GETTE PONCE, sino como expresamente lo menciona el acta:"Aprobó la financiación de los abogados necesarios para la defensa de los miembros de la Sala General y del Consejo Directivo teniendo en cuenta las denuncias presentadas por el Dr. Abelardo De la Espriella contra ellos dentro del proceso que se sigue a la Dra. Silvia Gette Ponce."

7) Es decir, que de conformidad con el acta, los honorarios que se autorizaban financiar eran los necesarios para ejercer la defensa de los miembros de la Sala General y del Consejo Directivo, pero en ningún momento se autorizó financiar los honorarios de los abogados de la ex Rectora, por tanto, dicho préstamo por más de 59 Salarios mínimos, también fue un acto contrario a los estatutos de la Universidad, pues la autorización otorgada por la Sala, era para otro tipo de eventos diferentes a los destinados.

8) Otro hecho relevante, es que la señora SILVIA GETTE PONCE realizó préstamos a la Universidad por cantidades de dinero inferiores a 59 salarios mínimos para pagar acreencias personales, pero estos préstamos en conjunto ascienden a la suma de CIENTO NUEVE MILLONES OCHOCIENTOS SIETE MIL CUATROCIENTOS OCHENTA Y SEIS PESOS M.L. ($ 109'807.486.oo), suma que en todo caso supera los 59 salarios mínimos, y que pudieron hacer parte de un plan para

apoderarse de dineros de la Universidad de forma fraccionada.

9) Igualmente se debe señalar que las condiciones mediante las cuales se hacían los préstamos por parte de la Universidad a la señora SILVIA GETTE PONCE eran totalmente desfavorables para la Universidad, quién le descontaba solamente por nómina la suma de TRES MILLONES DE PESOS M.L. ($3'000.000.oo) mensuales. Pero además de ello, no se cobraban intereses, y como se puede observar, cada vez que la señora podía, solicitaba -o se auto autorizaba- un nuevo préstamo, con lo cual, la suma tendía a aumentar exponencialmente, tanto es así, que llegó a DOS MIL CIENTO TREINTA Y CINCO MILLONES, SEISCIENTOS NOVENTA Y SIETE MIL, NOVECIENTOS NOVENTA PESOS M.L. ($2.135'697.990.oo). ¿Qué institución puede solventar semejante peso contable y con esas condiciones tan desfavorables?

ANALISIS JURÍDICO DE LAS CONDUCTAS.

Lo primero es explicar, que por tratarse de la administración de recursos de una institución educativa que tiene la entidad jurídica de fundación, no es posible aplicar el tipo penal de administración desleal, porque este tipo penal, solo es aplicable a sociedades mercantiles como bien lo dispone el artículo 250B del Código Penal:

ARTÍCULO 250-B. ADMINISTRACIÓN DESLEAL. El administrador de hecho o de derecho, o socio de cualquier sociedad constituida o en formación, directivo, empleado o asesor, que en beneficio propio o de un tercero, con abuso de las funciones propias de su cargo, disponga fraudulentamente de los bienes de la sociedad o contraiga obligaciones a cargo de esta causando directamente un perjuicio económicamente evaluable a sus socios, incurrirá en prisión de cuatro (4) a ocho (8) años y multa de diez (10) hasta mil (1.000) salarios mínimos legales mensuales vigentes.

De conformidad con los hechos anteriormente narrados los tipos penales que se pueden configurar son los siguientes:

Artículo 249. Abuso de confianza. El que se apropie en provecho suyo o de un tercero, de cosa mueble ajena, que se le haya confiado o entregado por un título no traslativo de dominio, incurrirá en prisión de uno (1) a cuatro (4) años y multa de diez (10) a doscientos (200) salarios mínimos legales mensuales vigentes.

Artículo 250. Abuso de confianza calificado. Las pena será prisión de tres (3) a seis (6) años, y multa de treinta (30) a quinientos (500) salarios mínimos legales mensuales vigentes si la conducta se cometiere:

4. Sobre bienes pertenecientes a asociaciones profesionales, cívicas, sindicales, comunitarias,

juveniles, benéficas o de utilidad común no gubernamentales.

En el caso presente, el abuso de confianza calificado se configura, toda vez que sin autorización, y contrariando las limitaciones del estatuto de la Universidad que le prohibía expresamente ordenar gastos por más de 59 salarios mínimos, se giraron recursos por valor de $444'444.451.oo para el pago de los honorarios de los abogados de la señora SILVIA GETTE PONCE, cuando efectivamente, la autorización no estaba dada para el pago de honorarios de la ex rectora, sino para el pago de honorarios de abogados necesarios para la defensa de la Sala General o el Consejo Directivo. En ese orden de ideas, la señora tenía un mandato de pagar o administrar unos recursos, pero los desvió para fines propios pagando a sus abogados. En este orden de ideas no solo vulneró los estatutos al disponer de más de 59 salarios mínimos, sino que también los invirtió en temas diferentes a los autorizados la Sala General, y además se engañó a la contabilidad para registrar a su nombre préstamos, que realmente no tenían autorización.

Hay que aclarar que la Universidad se entiende que es una asociación benéfica o de utilidad común, pues sus recursos no pueden ser redistribuidos como utilidades, sino que deben ser reinvertidos en la comunidad, en virtud de ello se configura el abuso de confianza calificado establecido en los artículos 249 y 250 del Código Penal, toda vez que la señora desvió los recursos del destino asignado por la Sala General, y se los apropió para el pago de los honorarios de sus abogados, sin autorización y excediendo el límite de 59 salarios mínimos.

>Artículo 239.Hurto. El que se apodere de una cosa mueble ajena, con el propósito de obtener provecho para sí o para otro, incurrirá en prisión de dos (2) a seis (6) años.

>La pena será de prisión de uno (1) a dos (2) años cuando la cuantía no exceda de diez (10) salarios mínimos legales mensuales vigentes.

>Artículo 241.Circunstancias de agravación punitiva. Modificado por el art. 51, Ley 1142 de 2007. La pena imponible de acuerdo con los artículos anteriores se aumentará de una sexta parte a la mitad si la conducta se cometiere:

>2. Aprovechando la confianza depositada por el dueño, poseedor o tenedor de la cosa en el agente.

De acuerdo con los hechos narrados la Universidad Autónoma del Caribe giró recursos para el pago de acreencias propias de la señora SILVIA GETTE y préstamos por encima del límite de 59 salarios mínimos, establecido por los estatutos. Esta conducta se puede tipificar en el delito de hurto agravado por la confianza, porque estas operaciones nunca tuvieron objeto lícito en cuanto se encontraban prohibidas por el mismo estatuto de la Universidad, por consiguiente, debe entenderse que la señora SILVIA GETTE PONCE se apoderó de los recursos de la institución, a través de préstamos ilegales, para pagar acreencias propias, aprovechándose del grado de confianza derivado de su calidad de Rectora de la Universidad.

Esta modalidad de fraude con que se extraían los recursos de la Universidad, para fines propios mediante préstamos de grandes cantidades de dinero fraccionadas, se puede establecer como un delito continuado donde la señora, sin previa autorización de la sala general y por encima de los límites estatutarios, se apoderaba para beneficio propio de recursos de la institución, recursos que ascienden a los $1.430'457.500. No se podrá decir que estas transacciones corresponden a un contrato comercial de mutuo, toda vez que el objeto del contrato es ilícito pues ni tenía autorización de la Sala General, y los montos se exceden del límite de los 56 salarios mínimo legales para la época.

Por otra parte, si se suman los recursos girados dentro del límite de los 56 salarios mínimos, podemos encontrar que fueron 9 pagos por un valor total de $109'807.486.oo, monto que excede de los 59 salarios mínimos, y que son parte de un delito continuado donde la señora SILVIA GETTE PONCE dentro de un plan bien diseñado, pretendía desfalcar los recursos de la Universidad Autónoma del Caribe de forma fraccionada, con la sustracción de fuertes cantidades de dinero que no superaban el monto máximo de los 59 salarios mínimos, pero que sumadas en definitiva se configuraban en un hurto en su modalidad de delito continuado.

Artículo 246. Estafa. Modificado por el art. 33, Ley 1474 de 2011. El que obtenga provecho ilícito para sí o para un tercero, con perjuicio ajeno, induciendo o manteniendo a otro en error por medio de artificios o engaños, incurrirá en prisión de dos (2) a ocho (8) años y multa de cincuenta (50) a mil (1.000) salarios mínimos legales mensuales vigentes.

En la misma pena incurrirá el que en lotería, rifa o juego, obtenga provecho para sí o para otros, valiéndose de cualquier medio fraudulento para asegurar un determinado resultado.

La pena será de prisión de uno (1) a dos (2) años y multa hasta de diez (10) salarios mínimos legales mensuales vigentes, cuando la cuantía no exceda de diez (10) salarios mínimos legales mensuales vigentes.

En el presente caso se puede configurar una estafa, toda vez que los préstamos autorizados a la señora SILVIA GETTE PONCE para la compra de las acciones del Hospital Universitario, fue por valor de $359'250.000.oo, recursos de la Universidad Autónoma del Caribe, que utilizó la ex rectora para realizar inversiones en una sociedad que iba a desarrollar la construcción de un hospital que luego sería utilizado por la Universidad para que sus estudiantes de medicina hicieran sus prácticas. Como se dijo en los hechos es absurdo financieramente que la Universidad teniendo los recursos, financie a la ex rectora para que luego ella cobre la inversión sin haber colocado un solo peso.

Igualmente, es absurdo y lesivo las condiciones de pago de los préstamos realizados por la ex rectora quién, pagaba mensualmente la suma de $3'000.000.oo de pesos, para amortizar una deuda quedó por valor de $2.135'697.990.oo, y sin pagar intereses. Más que unas condiciones propias de un contrato leonino a favor de la ex rectora, se trata de una estafa pues con esas condiciones de pago nunca iba a amortizar totalmente una deuda de más de dos mil millones de pesos, con abonos de $3'000.000.oo. Lo que se buscaba en últimas, era darle apariencia de legalidad a unos recursos que se obtuvieron de forma que nunca se iban a restituir, ni tampoco existía una seria intención de restituirlos basados en esas condiciones de pagos, pues la señora requeriría pagar 711,89933 cuotas mensuales para pagar la suma que adeuda, y para ello necesitaría de 59,32494417 años para pagar, y en consecuencia si se consideran esos 59,32494417 años con la expectativa de vida de la señora SILVIA GETTE PONCE, de seguro que no se podría pagar antes de que esta señora falleciera.

OTRO CASO, LA COMPRA ILEGAL DE ACCIONES DE CLUBES SOCIALES CON RECURSOS DE LA UNIVERSIDAD.

Que desde el año 2003 hasta el 2013 la señora SILVIA GETTE PONCE desempeñó el cargo de Rectora de la UNIVERSIDAD AUTÓNOMA DEL CARIBE.

Que durante su gestión, en el año 2007 la señora SILVIA GETTE compró unas acciones directamente a la corporación Club Lagos de Caujaral, por valor de $12'000.000.oo.

Que el valor de las acciones fue pagado con dineros de propiedad de la Universidad Autónoma del Caribe mediante orden de pago No 91668 realizada el 27 de Noviembre de 2007, según consta en factura de venta No 26-1057 del 23 de Noviembre de 2007 generada a nombre de la señora SILVIA GETTE PONCE.

Que de conformidad con certificación expedida el 27 de diciembre de 2013 por el revisor Fiscal de la Universidad Autónoma del Caribe, se explica que no existe evidencia contable de que la señora SILVIA GETTE hubiera reintegrado el valor de las acciones a la Institución, y que mucho menos haya endosado las acciones a nombre de la Universidad, a pesar de que dichos bienes fueron pagados con recursos de la Institución Educativa y según los archivos contables, el egreso de $12'000.000.oo se pagó con cargo a la cuenta contable de inversión a favor de la Universidad. Esto quiere decir, que las acciones del Club Lagos de Caujaral, contable y financieramente aparecen como un bien pagado por la Universidad, pero aparecen dentro del patrimonio de la señora SILVIA GETTE PONCE, sin que ésta haya pagado dicha suma, o reintegrado ese patrimonio a la Universidad Autónoma del Caribe.

Que un año después, la ex rectora SILVIA GETTE PONCE repite la conducta, esta vez comprando acciones del club Campestre del Caribe pertenecientes al señor xxxxxx, con recursos de la Universidad según consta en las órdenes de pago No 93709 del 13 de Mayo de 2008 por valor de $13'500.000.oo y la orden No 95668 del 1 de Mayo de 2008, por valor de $1'500.000.oo.

Que según explica igualmente el Revisor Fiscal de la Universidad Autónoma del Caribe, mediante la misma certificación del 27 de Diciembre de 2013, los recursos fueron cargados también en la cuenta contable de inversiones de la Universidad y que hasta el momento no ha existido prueba contable alguna de que la señora haya reintegrado este bien, a pesar de que contable y financieramente está claro que fue la institución Universitaria la que pago por dichos activos, pero éstos aparecen a nombre de la señora SILVIA GETTE PONCE.

ANÁLISIS JURÍDICO DE LAS CONDUCTAS:

Que de conformidad con los hechos anteriormente narrados es posible tipificar las conductas en el tipo penal descrito en los artículos 239 y 241 del Código Penal, denominado Hurto Agravado por la Confianza:

> Artículo 239. Hurto. El que se apodere de una cosa mueble ajena, con el propósito de obtener provecho para sí o para otro, incurrirá en prisión de dos (2) a seis (6) años.
>
> La pena será de prisión de uno (1) a dos (2) años cuando la cuantía no exceda de diez (10) salarios mínimos legales mensuales vigentes.

Artículo 241. Circunstancias de agravación punitiva. Modificado por el art. 51, Ley 1142 de 2007. La pena imponible de acuerdo con los artículos anteriores se aumentará de una sexta parte a la mitad si la conducta se cometiere:

2. Aprovechando la confianza depositada por el dueño, poseedor o tenedor de la cosa en el agente.

Del análisis de los hechos, encontramos que muy probablemente la señora SILVIA GETTE PONCE ha incurrido en una conducta punible aprovechándose de la confianza que genera su cargo como Rectora de la Universidad Autónoma del Caribe, porque se apoderó ilegal y arbitrariamente de unos recursos pertenecientes a la Institución Universitaria, para comprar y colocar a su nombre unos activos, sin nunca reintegrar los recursos a la Universidad, según consta en las órdenes de pago a favor del Club Lagos de Caujaral y a favor del señor Germán Ancinez, y en la certificación emitida por el Revisor Fiscal en Diciembre de 2013. A lo anterior, hay que añadir que actualmente la señora SILVIA GETTE PONCE se encuentra usufructuando los derechos derivados de las acciones de los dos clubes, excluyendo de esos derechos a la verdadera persona que pagó por esos activos. Se reitera que la misma conducta provechosa fue repetida en dos ocasiones bajo el mismo modus operandi, una en el año 2007 cuando compró las acciones del Club Lagos de Caujaral y la otra en el año de 2008, cuando compró las acciones del Club Campestre del Caribe, evidenciándose así un plan continuo y reiterado para defraudar a la Universidad.

La conducta encuadra en el tipo penal de Hurto Agravado, toda vez que la señora SILVIA GETTE PONCE, se aprovechó de la confianza que tenía en su cargo y sustrajo recursos de la institución Universitaria para comprar activos y colocarlos a su nombre, sin ningún mandato para ello, ni autorización alguna por parte de los órganos directivos de la institución Universitaria; tampoco tuvo la intención de devolverlo, ni dejar garantía sobre los montos sustraídos, a favor de la Universidad Autónoma del Caribe. Tampoco reportó la compra, ni endosó las acciones a favor de la Universidad. Por ello se afirma que el tipo penal que debe configurarse es el Hurto Agravado por la confianza, pues se apoderó de los recursos de la Universidad con un claro propósito de obtener provecho propio, comprando unos derechos en clubes sociales de forma clandestina, sin mediar ningún tipo de título no traslaticio de dominio, pues lo hizo fraudulentamente. No existió en este caso apoderamiento aprovechado por un título no traslaticio de dominio, sino una sustracción clandestina de dineros de la institución universitaria aprovechando la confianza de su cargo para acceder a los dineros ilícitamente sustraídos.

Sobre el tema particular ha dicho la Corte Suprema de Justicia Sala Penal en Sentencia del 7 de Abril de 2010:

> "En síntesis, en el abuso de confianza el sujeto se apropia de la cosa mueble que le fue entregada o confiada por un título que no traslada el dominio que sobre ella tiene su propietario, poseedor o tenedor; en

> el hurto agravado por la confianza el sujeto se apodera de la cosa mueble respecto de la cual entra o tiene contacto material en razón de la buena fe depositada en él, por su propietario o tenedor.
>
> La confianza en la conducta furtiva agravada puede provenir de una relación laboral, de la amistad, del parentesco o de servicios gratuitos, siendo esencial que esa relación entre el dueño o tenedor y el sujeto sea la que facilite o posibilite el apoderamiento, porque lo que caracteriza al comportamiento es la defraudación de la confianza depositada en él."

Precisamente en el caso planteado, a la señora SILVIA GETTE PONCE no se le autorizó manejar los dineros para comprar acciones en clubes sociales en Barranquilla, por ello, esto es una sustracción de recursos de la Universidad que debe tomarse como un apoderamiento.

Otro tipo que se puede configurar en este caso, es el enriquecimiento ilícito de particular que versa de la siguiente forma:

> Artículo 327. Enriquecimiento ilícito de particulares. El que de manera directa o por interpuesta persona obtenga, para sí o para otro, incremento patrimonial no justificado, derivado en una u otra forma de actividades delictivas incurrirá, por esa sola conducta, en prisión de

seis (6) a diez (10) años y multa correspondiente al doble del valor del incremento ilícito logrado, sin que supere el equivalente a cincuenta mil (50.000) salarios mínimos legales mensuales vigentes.

De conformidad con los hechos narrados, la sustracción de recursos de la Universidad para comprar activos y bienes, que luego quedaban en cabeza de la ex rectora, es una conducta sostenida y repetitiva, que sin duda encaja en el enriquecimiento ilícito de particulares, toda vez que se trata de que a partir de este tipo de conductas, la señora SILVIA GETTE PONCE obtenía un incremento patrimonial no justificado derivado de sus actividades fraudulentas destinadas a desviar los recursos de la Universidad para sus fines propios, entre ellos enriquecer su patrimonio.

BIBLIOGRAFIA

ABELLO GUAL, Jorge Arturo. (2015) La autoría y participación en el delito de peculado. Peculado discusiones actuales. Leyer.

AMAYA, Laura. La violación al principio de la planeación en la contratación estatal. El cambio jurisprudencial y los efectos adversos que se Desprenden de la nueva postura. Revista Nova et vetera. En la siguiente página web: http://www.urosario.edu.co/revista-nova-et-vetera/Vol-2-Ed-16/Omnia/La-violacion-al-principio-de-la-planeacion-en-la-c/, consultada el 22 de Agosto de 2017.

BAJA EJECUCIÓN PRESUPUESTAL EN BOGOTÁ, ADVIERTE CONTRALORÍA, en la siguiente página:

http://www.redmasnoticias.com/portal/redmas/noticias/nacional/colombia/detalle/alcaldia-penalosa-bogota-535519/

Corte Suprema de Justicia; Sala de casación penal; Sentencia No. 30933 de mayo 26 de 2010.

Dicho fraccionamiento estaba expresamente prohibido por el artículo 56 del Decreto 222 de 1983.

Corte Suprema de Justicia; Sala de casación penal; Concepto del 14 de septiembre de 2001; Rad. 1373

Corte Suprema de Justicia; Sala de casación penal; Sentencia No. 30933 de mayo 26 de 2010.

CORTE SUPREMA DE JUSTICIA, Sentencia del 23 de Septiembre de 2003.

Consejo de Estado; Sala Plena de lo contencioso administrativo; C.P. Darío Quiñónez Pinilla; Sentencia del 3 de octubre de 2000; Rad.: AC-10529 y AC-10968.

CONSEJO DE ESTADO, SALA DE LO CONTENCIOSO ADMINISTRATIVO. SECCION TERCERA SUBSECCION C. Sentencia del 31 de Enero de 201.1Radicación número: 25000-23-26-000-1995-00867-01(17767). Consejera ponente: OLGA MELIDA VALLE DE DE LA HOZ.

Consejo de Estado. Concepto en consulta 1121 de fecha 26 de agosto de 1998.

CONSEJO DE ESTADO. sentencia de la sección tercera, proferida el 6 de septiembre de 1995, Expediente 7625.

CONSEJO DE ESTADO. sala de consulta y servicio civil. contrato estatal de obra aumento del valor final que no implica adición. Concepto 1439 de julio 18 de 2002. Consejera Ponente: Dra. Susana Montes de Echeverri.

DIARIO EL HERALDO. Los gastos millonarios y sin control del exdirector de Fenalco. 1 de Mayo de 2016 en la siguiente página web: https://www.elheraldo.co/local/los-pagos-sin-control-que-enredan-carlos-jimenez-258077. Consultada el 28 de Agosto de 2017.

Fiscalía General de la Nación. Informe de Gestión 2013-2014. Publicado en la siguiente página web: http://www.fiscalia.gov.co/colombia/wp-content/uploads/Informe -Fiscalia-2013-2014-web_final.pdf, consultada el 14 de enero de 2015.

GARZÓN, Jaime. Conferencia en Cali. 1997. Citada en el Blog de Andrea Arbeláez. En la siguiente dirección web: http://catarbe70.over-blog.com/article-34125083.html

LANCHEROS, Yesid. Los tropiezos en la construcción del puente más elevado de Bogotá. El tiempo. 21 de Junio del 2015. En la siguiente página web: http://www.eltiempo.com/archivo/documento/CMS-16002517. Consultado el 24 de Abril de 2017.

MORENO ZAMBRANO, Alvaro Jose; DELGADO GIRALDO, Diana Elliser; BEDOYA RINCON, Maria Eugenia. Aspectos tributarios para los contratos de obra pública en Colombia. Monografía presentada para optar por el título de Especialista en Derecho Tributario. Pontificia universidad Javeriana facultad de ciencias jurídicas especialización en derecho tributario Bogotá 2017. En la siguiente página web: https://repository.javeriana.edu.co/bitstream/handle/10554/41119/Documento.pdf?sequence=4&isAllowed=y consultada el 1 de Febrero de 2021.

Neuman, Elías. Los que viven del delito y los otros. La delincuencia como industria. Tercera edición. Temis. Bogotá. 2005.

Portafolio. Contrabando impidió generar 899.000 empleos en 2012. 16 de octubre de 2013. http://www.portafolio.co/economia/colombia-se-lavan-38-billones-al-ano. Consultado el 14 de enero de 2015.

Procuraduría formuló cargos a gerente de ESE por suscribir, presuntamente, contrato de compraventa sin la realización de estudios técnicos. By: System Administrator on domingo, octubre: 9http://www.contratacionenlinea.co/index.php?action=view&id=2570&module=newsmodule&src=%40random50ff48e1e3fd3

RADIO RCN. En 10 años se han perdido $832 mil millones por corrupción en contratos de obras viales, según la Contraloría. 5 Dic 2013. En la siguiente página web: https://www.rcnradio.com/colombia/en-10-anos-se-han-perdido-832-mil-millones-por-corrupcion-en-contratos-de-obras-viales

REVISTA SEMANA. "Informe Especial: La telaraña de la contratación en Colombia". Publicada el 13 de Agosto de 2016 en la siguiente página web: http://www.semana.com/nacion/articulo/informe-especial-la-telarana-de-la-contratacion-en-colombia/487687. Consultada el 18 de Agosto de 2016.

Ibíd.

REVISTA SEMANA. Los polémicos reyes de la contratación en el país. Publicado el 13 de Agosto de 2016. Publicado en la siguiente página web: http://www.semana.com/nacion/articulo/informe-especial-los-polemicos-reyes-de-la-contratacion-en-el-pais/487688. Consultado el 16 de Agosto de 2016.

Transparencia por Colombia. Corrupción en Colombia. En la página Web: http://www.transparenciacolombia.org.co/index.php?option=com_content&view=article&id=107&Itemid=536, consultada el día 30 de diciembre de 2014.

Roemer, Andrés. Economía del Crimen. Editorial Limusa. México D.F. 2001, pág. 236.

VARGAS, CATALINA (2018). Así se robaron la plata del cartel de la hemofilia en Córdoba. En el Diario el Espectador. Colombia. Judicial18 jul. 2018 - 9:00 p. m. en la siguiente página web: https://www.elespectador.com/noticias/judicial/asi-se-robaron-la-plata-del-cartel-de-la-hemofilia-en-cordoba/ consultado el 24 de Julio de 2020

Zúñiga Rodríguez, Laura. Viejas y nuevas tendencias político criminales en las legislaciones penales. 579-606. Derecho Penal Liberal y Dignidad Humana. Libro homenaje al Doctor Hernando Londoño Jiménez. Temis. Bogotá. 2005, pág. 594.

www.ingramcontent.com/pod-product-compliance
Lightning Source LLC
Chambersburg PA
CBHW052358220526
45465CB00003BB/1157